Friedbert Pflüger
Deutschland driftet

Friedbert Pflüger

Deutschland driftet

Die Konservative Revolution
entdeckt ihre Kinder

ECON Verlag
Düsseldorf · Wien · New York · Moskau

In memoriam
Konrad Adenauer

Inhalt

Einleitung

Die Konservative Revolution und das Ende der Bonner Republik

Im Januar 1994 führen Pädagogikstudenten der Universität Münster ein bemerkenswertes Experiment durch: In den Mensen der Hochschule läßt man die Essensgäste sich nach dem Motto »Ausländer rechts, Deutsche links raus« in die Schlange stellen. Nennenswerter Widerstand gegen diese sogenannte »Futterneid«-Aktion regt sich nicht. Was man so alles mit sich machen läßt!

So schockierend dieser Vorgang erscheint, er fügt sich in eine Reihe von Begebenheiten ein, die alarmierend sind. Einige Beispiele:

– Auf dem Nürnberger Flughafen erklärt ein *Lufthansa*-Angestellter den Passagieren, die vergeblich nach Erfrischungen Ausschau halten, daß die Nahrung im hinteren Teil des Raumes bereitgestellt würde, da man vermeiden wolle, die im benachbarten Raum wartenden 210 Türken ebenfalls zu beköstigen.

– Schwerstbehinderte Kinder in einem öffentlich geförderten Schulprojekt in Heidelberg werden offiziell als »Selektionsrest« bezeichnet.

– Das Bonner Innenministerium schlägt laut Berliner *Tagesspiegel* skandinavischen Reedereien vor, zur Ver-

9

einfachung der Einreisekontrollen »vorzusortieren«. Danach sollen die Autos mit »unverdächtigen, nordischen Passagieren« zuerst von Bord gelotst werden, diejenigen mit »fremdländisch« aussehenden Menschen zuletzt, damit die »deutschen Grenzbeamten sich ihnen konzentriert widmen können«.

— Steffen Heitmann, vorübergehend Präsidentschaftskandidat, fürchtet, daß zu uns »hineinschwappende Asylanten« zu einer »Überfremdung« des deutschen Volkes führen. Er macht damit ein Wort aus der Sprache des Nationalsozialismus wieder salonfähig, das später zum Unwort des Jahres 1993 erklärt wird. (Allerdings: Herr Heitmann hat sich später von dem Begriff distanziert.)

— Der Berliner Historiker Ernst Nolte dringt zu einer neuen Stufe der Relativierung des Holocausts vor: In seinem neusten Buch behandelt er ausführlich Thesen von rechtsradikalen »Wissenschaftlern«, die die Existenz von Gaskammern in Konzentrationslagern bestreiten. Nolte tut dies ausdrücklich mit dem Ziel, den wissenschaftlichen »Normalfall« auch auf diesem »Sachgebiet« herzustellen.

— Sein Kollege Arnulf Baring, bis 1985 »überzeugter Westler«, sieht mit Freude das wiedervereinigte Deutschland geopolitisch an das Bismarck-Reich anknüpfen.

— Der bayerische Ministerpräsident Edmund Stoiber zieht einen Schlußstrich unter die »Illusion« eines europäischen Bundesstaates und bekennt sich ausdrücklich zum Bruch mit der Tradition Konrad Adenauers.

— Der Hamburger Innensenator Werner Hackmann setzt

ein für den 20. April 1994 geplantes Fußball-Länderspiel ab, da er die Sicherheit vor rechtsextremen Gewalttaten am Geburtstag Adolf Hitlers nicht gewährleisten kann.

– 1992 und 1993 werden 25 Menschen von Rechtsradikalen getötet. Der Schriftsteller Martin Walser aber spricht angesichts der neuen Gewalt von rechts von einigen »Skinhead-Buben«, die es seiner Meinung nach nur deshalb gibt, weil die Deutschen das Nationale zu lange vernachlässigt hätten.

Vier Jahrzehnte »postnationaler Identität« (Karl Dietrich Bracher) der Bonner Republik gehören der Vergangenheit an. Nach der Wiedervereinigung rückt das Nationale wieder in den Vordergrund. Nicht mehr das vereinte Europa ist für viele das Ziel, sondern ein starker Nationalstaat. 43 Prozent der Westdeutschen schreiben dem Nationalsozialismus neben schlechten auch gute Seiten zu (*Emnid* 1989), und 30 Prozent der Ostdeutschen vertreten die Ansicht, es gäbe eine bessere Staatsform als die Demokratie, die wir in der Bundesrepublik haben (*Allensbach* 1993).

Mit dem »Ende der Bonner Republik« (Margarita Mathiopoulos) hat sich nicht nur die Größe des Landes und seine Einwohnerzahl verändert, sondern auch die politische Kultur. Mit der Wiedervereinigung Deutschlands und dem Ende der Blockkonfrontation in Europa haben sich Basis und Überbau unserer politischen Existenz entscheidend gewandelt. Die Deutschen aus der ehemaligen DDR haben eine grundlegend andere Erziehung genossen, andere Erfahrungen gesammelt und hegen nicht selten ganz andere Zukunftserwartungen als die Bürger der alten Bundesrepublik.

Aber auch deren Bewußtsein ändert sich: Nach dem Ende des Kalten Krieges nimmt die Zahl der Befürworter einer amerikanischen Truppenpräsenz in Deutschland merklich ab – ebenso wie die europäische Orientierung. Man redet sich ein, der europäische Zahlmeister zu sein und akzeptiert europäische Regelungen zunehmend nur noch dann, wenn sie eine »deutsche Handschrift« tragen. Die seit über vierzig Jahren bewährten und stabilen politischen Institutionen werden auf einmal negativ bewertet. Man entdeckt die altbekannten deutschen Parteiressentiments wieder und fordert angesichts der großen Zukunftsprobleme einmal mehr eine starke Führung gegenüber der parlamentarischen »Schwatzbude«. Franz Schönhuber, der Vorsitzende der rechtsradikalen »Republikaner«, erklärt Anfang 1994 selbstzufrieden, daß sich Deutschland »beachtlich nach rechts« entwickelt habe. Und in der Tat: Der Zeitgeist weht wieder rechts, und Deutschland driftet.

In den Bonner Kammerspielen wird im Februar 1994 das Schauspiel »Fegefeuer in Ingolstadt« aufgeführt. Es ist eine Anklage gegen antiparlamentarisches Denken, Nationalismus und Faschismus. Vier junge Menschen mit Schatten unter den Augen laufen über die Bühne und singen monoton: »Die Demokratie, die Demokratie, die zwingt uns langsam in die Knie.« Eine junge Frau stürzt an die Rampe und stimmt einen Bittruf nach dem »Führer« an. Das Schauspiel wurde bereits vor siebzig Jahren von Marieluise Fleißer, einer Lebensgefährtin Berthold Brechts, geschrieben. Aber jeder im Theatersaal findet das Stück brandaktuell.

Ähnlichkeiten zur heutigen Zeit weist auch der von Lion Feuchtwanger vor 65 Jahren abgeschlossene Roman »Erfolg« auf, eine »Historie des Jahrzehnts«. Es geht um Bay-

12

ern, die Weimarer Republik, die Inflation und völkisches Denken. Feuchtwanger schildert Gleichgültigkeit und Opportunismus des Bürgertums angesichts des aufkommenden Nationalsozialismus. Der Roman zeigt, wie überzeugte Liberale und echte Konservative plötzlich als »unpatriotische« Kräfte in der Ecke stehen und wie diejenigen sich täuschen, die glaubten, die Nazis für ihre Ziele einspannen und dabei kontrollieren zu können. Schließlich zeigt Feuchtwanger durch die Beschreibung von Person und Politik des damaligen bayerischen Ministerpräsidenten die Unmöglichkeit des Versuchs, durch Übernahme nationalsozialistischer Programmpunkte Hitler den Wind aus den Segeln zu nehmen. Im Gegenteil: Themen und Thesen des Trommlers verlieren dadurch erst ihre Anstößigkeit.

Nicht jeder wird die These von den Parallelen zwischen der Auflösung der Weimarer und dem Ende der Bonner Republik teilen. Die Bundesrepublik Deutschland habe vierzig Jahre Demokratie-Erfahrung hinter sich, sei fest eingebunden in Europäische Union und Atlantische Allianz, das Grundgesetz habe die institutionellen Schwächen der Weimarer Republik vermieden, und schließlich hätten damals Arbeitslosigkeit und Not die Menschen in die Arme der Radikalen getrieben. Vor allem aber, so wird oft hinzugefügt, gebe es heute mehr überzeugte Demokraten als damals, was zum Beispiel durch die zahlreichen Lichterketten gegen Ausländerfeindlichkeit bewiesen worden sei.

An dieser Argumentation stimmt viel. Die Demonstrationen gegen Fremdenhaß waren tatsächlich eindrucksvoll. Wahrscheinlich ist es wirklich wahr, daß es heute mehr Zivilcourage gibt. Die Bereitschaft, für die Grundprinzipien der Demokratie einzustehen, scheint unvergleichlich größer zu sein als während der Weimarer Republik. Dennoch bleiben Zweifel bestehen, ob die demokratischen Tugenden im Ernstfall wirklich stark genug sein werden, um antidemokratischen Kräften zu trotzen. Umfragen zeigen eine deutlich gesunkene Bereitschaft zu politischem Engagement, nicht zuletzt bei jungen Leuten. Das Vertrauen in Parteien und demokratische Institutionen ist dramatisch zurückgegangen. Die Leistungsfähigkeit der parlamentarischen Demokratie wird in Zweifel gezogen.

Dieser Trend dürfte sich vor dem Hintergrund anhaltender wirtschaftlicher Probleme und steigender Arbeitslosigkeit eher verschärfen. Ist das vielbeschworene Demokratiebewußtsein mündiger Bürger wirklich »wetterfest« in dem Sinne, daß es sich auch in einer langanhaltenden Wirtschaftskrise bewähren würde?

Zum Glück sind die Rahmenbedingungen der ausgehenden Bonner Republik immer noch deutlich besser als zu Weimarer Zeiten. Aber heute wie damals gibt es eine wachsende rechtsradikale Bewegung, die außerhalb der extremistischen Parteien und Gruppen wirkt und sich darum bemüht, antidemokratisches und nationalistisches Denken auf intellektuelle Weise zu verbrämen und für die bürgerliche Mitte akzeptabel zu machen.

Die deutsche Katastrophe von 1933 ist nicht verständlich ohne die Ansteckung großer Teile von Bürgertum und Intellektuellen durch antidemokratisches und völkisch-nationalistisches Gedankengut. Der Nationalsozialismus ist vorbereitet worden von Denkern und Dichtern, Juristen und Politikern, die als *Konservative Revolution* eine »nationale Opposition« zum demokratischen Verfassungsstaat aufbauten und der nationalsozialistischen Bewegung den geistigen Boden und die pseudowissenschaftlichen Begründungen zum Aufbau ihrer Weltanschauung lieferten. Adolf Hitler bediente sich solcher Vordenker erfolgreich und konnte auf diese Weise neben der politischen auch eine ideologische Machtergreifung durchführen. Daß dies gelingen konnte, war symptomatisch »für eine Verschiebung und Korrumpierung der sittlichen Maßstäbe im Denken auch vieler Nicht-Nationalsozialisten« (Karl Dietrich Bracher).

Ähnliche Konstellationen und Wirkungsweisen beobachten wir heute. Eine neue *Konservative Revolution* wendet sich mit beachtlicher intellektueller und publizistischer Macht gegen die freiheitliche Demokratie und beeinflußt das Denken der Gesellschaft bis tief hinein in bürgerliche Kreise. Schon haben sich auch führende deutsche Intellektuelle infiziert. Sie folgen dem neuen rechten Zeitgeist, der mit wirklich konservativem Denken fast nichts zu tun hat, wohl aber den Versuch unternimmt, die pluralistische Demokratie revolutionär zu überwinden. Wieder dienen kluge Denker als Stichwortgeber rechtsextremistischer Kader, als Sympathisanten oder Verharmloser neonazistischer Gruppen. Wieder liefern angesehene Politiker, Professoren und Journalisten eine Ideologie, die in den Händen schrecklicher Vereinfacher nur zu leicht Gewalt und Terror rechtfertigen kann. Sie stellen damit, gewollt oder ungewollt, eine Gefahr für die Freiheit und Demokratie in Deutschland dar.

Die *Konservative Revolution* der Weimarer Republik bildete sich um Schriftsteller und Intellektuelle wie Arthur Moeller van den Bruck, Oswald Spengler, Carl Schmitt und Ernst Jünger. Sie waren mitnichten eine einheitliche, streng dogmatistische Gruppe, sondern eine aus ganz unterschiedlichen Denkrichtungen zusammengesetzte geistige

15

Strömung, die das Ziel verband, die angeblich von außen aufgezwungene und schwache Demokratie von Weimar durch einen völkisch gereinigten und nationalistisch denkenden Führerstaat zu ersetzen. Edgar Jung hat 1932 eine Definiton gewagt: »Konservative Revolution nennen wir die Wiederinachtsetzung aller jener elementaren Gesetze und Werte, ohne welche der Mensch den Zusammenhang mit der Natur und Gott verliert und keine wahre Ordnung aufbauen kann. An Stelle der Gleichheit tritt die innere Wertigkeit, an Stelle der sozialen Gesinnung der gerechte Einbau in die gestufte Gesellschaft, an Stelle der mechanischen Wahl das organische Führerwachstum, an Stelle bürokratischen Zwangs die innere Verantwortung echter Selbstverwaltung, an Stelle des Massenglücks das Recht der Volksgemeinschaft.«

Auch heute gibt es wieder eine *Konservative Revolution*. Ihre Anhänger sammeln sich um einige Publikationen wie *MUT*, *Criticón* und vor allem die *Junge Freiheit*, die sich selbst die *TAZ* der Rechten nennt. In einem Grundsatzbeitrag für diese Zeitung leistete Roland Bubik im Januar 1993 eine intellektuell anspruchsvolle Standortbestimmung des »Jungen Konservatismus«. Er bekennt sich ausdrücklich zur *Konservativen Revolution* von Weimar. Sie sei der Ort, »von dem aus der junge Konservatismus denken kann«. – Der Beitrag Bubiks ist in bewußter Anlehnung an Oswald Spenglers »Der Untergang des Abendlandes« von tiefem Kulturpessimismus geprägt. Da ist die Rede von modernistischer Würdelosigkeit, spätliberaler Unfähigkeit zur Problembewältigung, Defiziten postmodernen Lebens, sittlichem Ekel vor den Entartungen spätliberaler Parteiendemokratie, Werteverfall, Verwahrlosung, Vereinzelung, Entortung, von schleichender Entmündi-

16

gung, neuartiger Fremdbestimmung, Verlust der Sinnlichkeit und Erosion der Ordnungsfaktoren.

Demgegenüber fordert Bubik einen starken Staat, der, eingedenk der geschichtlichen und kulturellen Traditionen der Nation, den Menschen vor sublimen und offenen Bedrohungen schützt. Der Staat wird »zum Organ eines materiellen Freiheitsgedankens«. Die »Suche nach Transzendenz« müsse den Rationalismus ablösen, der zu einer entleerten, abgestorbenen Gesellschaft geführt habe. Eine ganzheitliche Sicht der Welt müsse Vernunft und Transzendenz zusammenfügen. Die christliche Religion mit ihren zentralen Kategorien »Sünder, Geworfenheit und Erlösung« könne dafür ein geeignetes Fundament bieten. Dann fordert Bubik eine »kulturelle Revolution«, die zu »kultureller Hegemonisierung« nach dem Vorbild der 68er-Bewegung führen soll.

Diese fundamentale Kritik einer liberalen Gesellschaft, die den einzelnen in den Mittelpunkt stellt und an dessen Vernunft glaubt, ist vor allem für junge Menschen und Intellektuelle in hohem Maße attraktiv. Wer hohe ethische Maßstäbe an die real existierende liberale Gesellschaft »des Westens« legt, der mag manchmal wirklich verzweifeln: Kriminalität, Drogen, Sekten, Fernsehkonsum, Pornographie, Verfall der Bindungen an Familie und Kirche…

Ist da nicht wirklich das Abendland bedroht? Muß da nicht wirklich eine Zerfaserung der Gesellschaft beklagt werden, die nur durch eine konservative Umwälzung überwunden werden kann?

Dieselben Fragen, freilich mit anderem politischen Vorzeichen, wurden in den sechziger und siebziger Jahren schon einmal gestellt. Die *Außerparlamentarische Opposition* wandte sich ebenfalls gegen die Schwächen der liberalen Gesellschaft, ihre Unzulänglichkeit und Unübersichtlichkeit. Als Erlösung bot sie eine utopische Heilslehre an, die den Menschen aus der anstrengenden Freiheit befreien sollte. In ähnlicher Weise locken auch die rechtsradikalen Revolutionäre von heute unter dem Deckmantel des Konservatismus mit einem geschlossenen ideologischen Gedankengebäude. Linke wie rechte Gegner der offenen Gesellschaft glauben an einen metaphysisch abgeleiteten allgemeinen Volkswillen, den eine Elite erkennt und der mehr zählt als der durch »formale Mehrheitsentscheidung« zustande gekommene Volkswille der Bürger.

In den siebziger Jahren habe ich mich als Bundesvorsitzender des *Rings Christlich-Demokratischer Studenten* (RCDS) mit aller Kraft gegen die Bedrohung der freiheitlichen Demokratie von links gewehrt. Genauso wende ich mich heute gegen die rechten Revolutionäre, denen es nicht um die Konservierung der demokratischen Grundrechte und Freiheiten geht, sondern um deren revolutionäre Überwindung. Ich will mit diesem Buch dazu beitragen, daß echte Konservative, Christliche Demokraten, Liberale und Sozialdemokraten das Vordringen der Ideen der *Konservativen Revolution* in unserer Gesellschaft nicht mehr als Randerscheinung vernachlässigen, sondern sich offensiv damit auseinandersetzen. Vielleicht erfordert die Abwehr der Aufklärungsgegner von rechts in Zukunft eine sehr viel stärkere Zusammenarbeit derjenigen Kräfte in allen politischen Lagern, die von der offenen Gesellschaft und liberalen Demokratie des Westens zutiefst überzeugt sind.

Ich möchte mit diesem Buch auch dazu beitragen, meine Partei, die Union, gegen die Ideen der *Konservativen Revolution* zu immunisieren. Zwischen konservativen Haltungen einerseits und systemüberwindendem revolutionärem Denken auf der Rechten andererseits darf es keine fließenden Grenzen geben. Die Mißstände und Unzulänglichkeiten, die offene Gesellschaften und liberale Demokratien stets aufweisen werden, müssen durch immer neue Anstrengungen soweit wie möglich beseitigt werden. Das ist unsere Aufgabe, nicht aber die Abschaffung der freiheitlichen Ordnung. Ich bin überzeugt, daß die Kräfte der Vernunft und der Demokratie nicht nur mit ihren linken, sondern auch mit ihren rechten Feinden fertig werden können. Aber dazu ist es notwendig, die neue *Konservative Revolution* nicht mehr zu verdrängen, sondern ernst zu nehmen und politisch zu bekämpfen.

Bei der Arbeit an diesem Buch habe ich einmal mehr gespürt, wie sehr mich mein akademischer Lehrer, der Bonner Zeitgeschichtler Karl Dietrich Bracher in meinem Denken geprägt hat. Seinen fast schon klassischen Büchern »Die deutsche Diktatur« (1969) und vor allem »Die Auflösung der Weimarer Republik« (1955) entstammen viele meiner Einsichten über die erste deutsche Demokratie.

Inspiriert haben mich in besonderer Weise auch die ständigen Diskussionen mit meiner Frau, der Politikwissenschaftlerin Margarita Mathiopoulos. Ihrem Buch »Das Ende der Bonner Republik« (1993) verdanke ich manche wichtigen Gedanken.

Für ausgezeichnete wissenschaftliche Zuarbeit möchte ich meiner Mitarbeiterin Myriam Tekkouk herzlich danken. Marion Nettekoven gilt mein Dank für das Schreiben des Manuskripts.

Dr. Friedbert Pflüger
Hannover/Bonn, im Frühjahr 1994

Die Verhöhnung der Demokratie

Die *Konservativen Revolutionäre* der Weimarer Republik verhöhnten Pluralismus, Parlament und Parteien als Ausdruck einer »Überfremdung« Deutschlands durch westlich-liberales Denken. Sie glaubten an den Untergang der westlichen Zivilisation, die durch Verfall und Dekadenz gekennzeichnet sei. Die den Deutschen angeblich vom Westen aufgezwungenen Ideen galten ihnen als die Wurzel aller Übel, und die Parteien stellten für sie das Elend der deutschen Politik schlechthin dar. Im Parlament, dem »Biertisch der Nation« (Oswald Spengler), würden korrupte Politiker verlogene Kompromisse aushandeln und das Volk betrügen.

Vor diesem Hintergrund propagierten die Revolutionäre von rechts die Ersetzung der Mehrparteiendemokratie durch einen Führerstaat, der die Volksgenossen im Inneren einigen sollte, um dadurch die Stärken Deutschlands nach außen wiederherzustellen. Um die Weimarer Demokratie zu beseitigen, sei eine »dritte Partei« notwendig, die in ein neues Deutschland führen sollte: »Die dritte Partei will das Dritte Reich. Sie ist die Partei der Kontinuität deutscher Geschichte. Sie ist die Partei aller Deutschen, die Deutschland dem deutschen Volk erhalten wollen.« (Arthur Moeller van den Bruck, Das Dritte Reich, 1923)

Moeller van den Bruck, einer der herausragenden Denker der *Konservativen Revolution*, kritisierte die Weimarer Reichsverfassung und erklärte ironisch, daß der Versailler Friedensvertrag die eigentliche Grundlage der Republik sei. Die Begriffe liberal und demokratisch seien nicht deutsch, sondern westlich. Dem Toleranzprinzip der pluralistischen Demokratie mit dem Dreiklang aus Konflikt, Kompromiß und Konsens stellten die *Konservativen Revolutionäre* das Recht des Stärkeren, die Verherrlichung des Kampfes und das Einheitsgebot des Volkes als Grundlage seiner eigentlichen Macht gegenüber.

Oswald Spengler sah in der Weimarer Demokratie »keine Staatsform, sondern eine Firma«. Friedrich Georg Jünger schrieb: »Die nationale Bewegung will keine Parteien, Parlamente, Wahlrechte mehr, nicht mehr den Hagelschlag des Geschwätzes.« Noch deutlicher wurde Edgar Jung: »Echte Demokratie« sei die Herrschaft einer nur metaphysisch zu begreifenden Volonté générale. Ein solcher allgemeiner Volkswille gehöre zu »dem organischen Weltbild« zwingend dazu. In diesem Sinne sei Demokratie »vollendeter Konservatismus«. Würde die Volkssouveränität indessen als »mechanisches Mehrheitssystem« aufgefaßt, so müsse man dagegen einen »Kampf bis aufs Messer« führen. Es sei der Aberglaube eines Jahrhunderts, der Annahme zu huldigen, daß man den Willen des Volkes durch Millionen »gleich gewerteter Stimmzettel« ermitteln könne.

Das Wesen des Politischen suchten die neuen »Konservativen« in einer barbarischen Freund-Feind-Ideologie, die von dem Staatsrechtslehrer Carl Schmitt auf pseudojuristische Weise begründet wurde: »Die spezifisch politische Unterscheidung, auf welche sich die politischen Handlungen und Motive zurückführen lassen, ist die Unterscheidung von

Freund und Feind.« (Carl Schmitt, Der Begriff des Politischen, 1932)

Damit war das Gegenbild zu einer auf Ausgleich und Achtung vor dem Andersdenkenden beruhenden demokratischen Idee formuliert. Wo der politische Gegner zum Feind wird, da endet jede demokratische Auseinandersetzung. Der oft mühsame demokratische Prozeß wird diskreditiert und als Alternative eine autoritäre Staatsideologie angeboten, die sich durch Effizienz und Stärke auszeichnet, den von einer Elite definierten allgemeinen Volkswillen im Sinne Rousseaus durchsetzt und die Einheitlichkeit des Volkes über alles stellt.

Schon 1923 hatte Carl Schmitt seine fundamentale Parlamentarismuskritik in der Schrift »Die geistesgeschichtliche Lage des heutigen Parlamentarismus« geschildert. Er stellte darin die Legitimation des parlamentarischen Staates in Frage, der sich auf Gesellschaftsvertrag, Bürger- und Freiheitsrechten gründet. Er behauptete, daß ein Gesellschaftsvertrag in einer Massengesellschaft nicht funktioniere. Im Parlament würde keine Diskussion echter Standpunkte stattfinden, die Abgeordneten dienten lediglich als Erfüllungsgehilfen mächtiger Interessengruppen. Die Parlamentarier hätten alle politische Aktivität ins Reden verlegt und seien »einer Zeit sozialer Kämpfe nicht gewachsen«. Er verhöhnte die repräsentative Demokratie und setzte ihr die angebliche Homogenität des Volkes und den gleichgeschalteten Einheitsstaat gegenüber.

Schmitt überwand auch den für eine freiheitliche Ordnung konstitutiven Gedanken der Gewaltenteilung, indem er die von Hitler verfügten Massenerschießungen (Röhm-Putsch) vom 10. Juni 1934 in der *Deutschen Juristenzeitung* vom 1. August 1934 rechtfertigte. In einem Aufsatz

»Der Führer schützt das Recht« lobte Schmitt die Exekutionen: »Der Führer schützt das Recht vor dem schlimmsten Mißbrauch, wenn er im Augenblick der Gefahr kraft seines Führertums als oberster Gerichtsherr unmittelbar Recht schafft. In Wahrheit war die Tat des Führers echte Gerichtsbarkeit. Sie untersteht nicht der Justiz, sondern war selbst echte Gerichtsbarkeit. Das Richtertum des Führers entspringt derselben Rechtsquelle, der alles Recht jeden Volkes entspringt. Alles Recht stammt aus dem Lebensrecht des Volkes.«

Schmitt, der am 1. Mai 1933 der NSDAP beitrat, beteiligte sich an der Diffamierung und Vertreibung jüdischer Kollegen von der Berliner Universität und leitete 1936 eine Tagung unter dem Motto »Der Kampf der deutschen Rechtswissenschaft wider den jüdischen Geist«. 1933 veröffentlichte er in Hamburg sein Buch über die »Dreigliederung der politischen Einheit«: Staat, Bewegung, Volk. Er lieferte so den juristischen Überbau für die nationalsozialistische Weltanschauung, fungierte als Lieferant von Rechtfertigungstheorien der Nazigewalt und baute der braunen Bewegung Brücken bis tief in das bürgerliche und akademische Denken Deutschlands.

Angesichts dieses eindeutigen Befundes erscheint es berechtigt, wenn Rudolf Augstein in einer Besprechung der 1993 erschienenen Schmitt-Biographie von Paul Noack die Frage aufwirft: »Warum diese Schmitt-Renaissance gerade jetzt? Mir scheint, in Zeiten großer Umbrüche suchen Menschen verschüttete Eingänge zu einer großen und erlösenden Erkenntnis.«

Heute ist Carl Schmitt der Held einer Zeitschrift, die unter dem Titel *Junge Freiheit* seit 1986 erscheint (seit Januar 1994 wöchentlich) und sich selbst ausdrücklich zum Mittelpunkt einer neuen *Konservativen Revolution* erklärt. In fast jeder Ausgabe wird für die Werke Carl Schmitts geworben und die angebliche Aktualität seiner »Standardwerke« als »große Fundgrube« gepriesen. Die *Junge Freiheit* hat inzwischen eine Auflage von rund 40 000 Exemplaren und wendet sich vor allem an jüngere Leute mit nationalkonservativer und nationalistischer Denkrichtung. 1993 veranstaltete die Zeitung eine sogenannte »Sommer-Universität«, in deren Mittelpunkt die Auseinandersetzung mit dem Werk Carl Schmitts stand.

Genauso heiß verehrt werden die anderen Größen der *Konservativen Revolution* der zwanziger Jahre. Für die Identitätssuche heutiger Konservativer sei die Lektüre Moeller van den Brucks (»Das Dritte Reich«) nicht verkehrt, weil dies »zu den Wurzeln zurückführt«. Die Rezeption der Weimarer »Konservativen« sei nicht zuletzt deshalb notwendig, weil man es damals wie heute mit »überbetonter Aufklärung« und einer »Aufspaltung der Welt in beziehungslose Einzelteile« zu tun hätte. Parallelen zwischen Weimar und Bonn werden in diesen angeblich konservativen Kreisen immer wieder auch im Hinblick auf das politische System gezogen. In ähnlicher Weise wie die Linksradikalen in den sechziger und siebziger Jahren wird auf das »herrschende Parteienkartell« verbal eingeprügelt, der »lobbyistische Mißbrauch staatlicher Institutionen« pauschal unterstellt und die »Diffamierung und schikanöse Behinderung« extremistischer Parteien beklagt.

Die Apostel der *Konservativen Revolution* innerhalb der *Jungen Freiheit* ziehen die politischen Repräsentanten des demokratischen Staates in den Schmutz und beklagen »das fatale Stimmensplitting unter verschiedenen Rechtsparteien«. Hier wird, intellektuell verbrämt und geschickt aufbereitet, rechtsradikale Fundamentalkritik an der bestehenden Republik geäußert. Die »Republikaner« hält man für spießbürgerlich, »zu einer wirklichen Revolution nicht fähig«.

Dabei greift die *Junge Freiheit* besonders gern auf wissenschaftliche Parteien- und Parlamentarismuskritik zurück, die man für die eigenen Zwecke ausbeutet. Hans Herbert von Arnims »Staat ohne Diener« oder das Buch »Cliquen, Klüngel und Karrieren« von Erwin und Ute Scheuch lassen sich großartig zum Beleg der absoluten Verkommenheit der Bonner Republik instrumentalisieren. So kann man leicht eine politische Wirkung in bürgerlichen Kreisen erzielen.

Diese Wirkung ist heute in jedem Winkel unserer Gesellschaft sichtbar. An Stammtischen, bei öffentlichen Diskussionen und Talk-Shows ist es Mode geworden, *die* Politiker und *die* Parteien an den Pranger zu stellen. Nichts ist leichter, als mit einem Seitenhieb auf *die* »politische Klasse« den Beifall der Zuhörer zu gewinnen. Der allgemeine Trend heißt Politikerbeschimpfung. Die Abgeordneten werden pauschal als bürgerfern, mittelmäßig und überbezahlt hingestellt. Angeblich denken sie nur an die eigene Karriere, liegen ständig im oberflächlichen Streit miteinander, quasseln viel und handeln nie. Das alles findet in einem viel zu teuren Parlament vor lauter leeren Bänken statt.

Das alte deutsche Vorurteil, Politik sei ein schmutziges Geschäft, lebt wieder auf, überall werden Politiker »entlarvt«, müssen sich der »Empörung« von Bürgern stellen und sich als schlapp, verderbt und beratungsunfähig (Scheuch) kritisieren lassen. Selbst hochqualifizierte Professoren, die es besser wissen müßten, wie der Bonner Politikwissenschaftler Hans-Peter Schwarz, lassen sich zur

Pauschalkritik an angeblich »saftlosen Reden« und »feigen Politikern« hinreißen. Wer etwas auf sich hält, verhöhnt Politiker und Parteien. Man kann sich leicht wichtig damit machen, der Beifall ist sicher, und gleichzeitig hat man ein Alibi für eigenes Nichtstun, für das bequeme Verweilen in der Passivität: Man würde sich ja so gern engagieren, aber der derzeitige Zustand unserer politischen Klasse verdirbt dem engagierten Bürger jede Freude am Engagement.

Gegen konstruktive Kritik am Parteiensystem, etwa am Auswahlverfahren der Abgeordneten oder der gängigen Instrumentalisierung der Themen zu parteipolitischen Zwecken, ist nichts einzuwenden. Im Gegenteil: Der demokratische Staat lebt von Kritik und Reform. Es ist deshalb in einer freiheitlichen Demokratie eine ständige Aufgabe, über Möglichkeiten und Grenzen der Parteiendemokratie zu diskutieren. Genauso ist es notwendig, hohe ethische Maßstäbe an das Verhalten der Politiker zu legen und sie daran zu erinnern, daß das Volk der Souverän ist und der Politiker sein Diener. Es ist von entscheidender Bedeutung für eine Demokratie, daß eine kritische Öffentlichkeit und die Medien ihre Vertreter genau unter die Lupe nehmen und bei eindeutig erwiesenen Fällen von Amtsmißbrauch und Korruption politische oder sogar rechtliche Konsequenzen erzwingen.

Sobald aber Politiker und Parteien einer Generaldiffamierung ausgesetzt werden, müssen alle Alarmglocken läuten. Gerade kritische Bürger dürfen nicht zulassen, daß offenkundige Mißstände und gerechtfertigte Kritik zu einem Fundamentalangriff auf das parlamentarische System verkommen, als dessen Konsequenz sich dann leicht die Regierung des »gesunden Menschenverstandes« erweisen könnte – verkörpert durch einen starken Mann an der

Spitze, den »guten Diktator«. Wenn aus der notwendigen Kritik eine pauschale Verteufelung von Parlament, Parteien und Politikern wird, kann Politikverdrossenheit leicht zur Demokratieverdrossenheit werden. Dann wird den radikalen Gegnern der Demokratie in die Hände gearbeitet.

In den zwanziger Jahren schrieb ein *Konservativer Revolutionär*, Oswald Spengler: »Wir haben kein Vaterland mehr, sondern Parteien; keine Rechte, sondern Parteien; kein Ziel, keine Zukunft mehr, sondern Interessen von Parteien.« Es gibt heute in Deutschland wieder viele, die ähnlich formulieren würden. Es gibt wieder viele, die die Notwendigkeit von Parteien in einer Demokratie nicht anerkennen und die am »Parteiengezänk« verzweifeln, anstatt es als natürlichen Bestandteil einer freiheitlichen Massengesellschaft zu bejahen (und manchmal zu ertragen).

Die Politikwissenschaftler Juan Linz und Alfred Stepan haben kürzlich nachgewiesen, daß der Zusammenbruch der Demokratie in den dreißiger Jahren nicht unmittelbar mit Wirtschaftsentwicklung und Arbeitslosigkeit zusammenhing, sondern in erster Linie mit einer funktionsfähigen Opposition und dem Vertrauen in die demokratischen Institutionen. Eine Analyse der Leitartikel der einflußreichsten Presseorgane der Weimarer Republik zwischen 1918 und 1933 zeigte ganz ähnliche Tendenzen wie in unserer heutigen Parteiendiskussion: Die meisten Kommentare klagten über die Einflußlosigkeit der Wähler bei der Zusammensetzung des Parlaments, kritisierten den verbreiteten »Parteiegoismus« und führten die Lähmung der Regierung auf den dauernden Parteienhader zurück. Linz und Stepan kommen zu dem Ergebnis, daß die Zahl derer, die in den zwanziger Jahren Parteienschelte übten, größer war als die Zahl derjenigen, die konstruktiv an der Demokratie mitarbeiten wollten.

Heute ist die Lage besser, zumal es vor allem in den alten Bundesländern mehr überzeugte Demokraten gibt als damals. Aber muß nicht zum Beispiel eine Umfrage des *Allensbach*-Instituts vom Dezember 1993 Besorgnis auslösen, nach der nur 32 Prozent der Bürger der neuen Bundesländer die »Demokratie, die wir in der Bundesrepublik haben« als die »beste Staatsform« bezeichneten und 30 Prozent die Meinung vertraten, daß es eine andere, bessere Staatsform gäbe?

Es ist nur zu leicht, den manchmal großen zeitlichen Rahmen, der in der Demokratie zur Mehrheitsbildung notwendig ist, durch generelle Demokratiekritik auszubeuten. Dabei ist doch gerade die Tatsache, daß in einer Gesellschaft die Entscheidungen nicht verordnet, sondern im Dialog mühsam erarbeitet werden, der wichtigste Ausdruck von Freiheit. Je mündiger die Bürger sind, je mehr mitreden und mitbestimmen wollen, je stärker Interessen organisiert und Besitzstände verteidigt werden – desto schwerer wird es, effektiv und schnell die Mehrheit für *eine* Politik zu finden. Schon vor 1989 gab es einen beträchtlichen Pluralismus im politischen Leben, wozu nicht zuletzt die Säkularisierung der Gesellschaft, die nachlassende Bindungskraft der Familien und der vermehrte geistige Austausch mit anderen Kulturen beigetragen haben. Nach der Vereinigung Deutschlands ist die Bandbreite der politischen und gesellschaftlichen Grundhaltungen und Meinungen noch gewachsen. Den politischen Prozeß zu organisieren und vor den gewaltigen Problemen einer welthistorischen Zäsur zu bestehen ist eine unerhört schwere Aufgabe. Sie erfordert stete Bereitschaft zur Kritik am Verhalten von Parteien und Politikern, nicht zuletzt aber vor allem auch die Bereitschaft, sich selbst politisch zu engagieren, die Parteien zu verbessern, neuen Ideen zum Durchbruch zu verhelfen und den rasanten Entwicklungsprozeß auf allen Ebenen beherrschen zu helfen.

Wir dürfen nicht noch einmal in den Fehler verfallen, der Fundamentalkritik an der repräsentativen Demokratie auf den Leim zu gehen und einer autoritären Staatsauffassung den Weg zu bereiten.

Nicht jeder, der die Besorgnis hegt, die demokratischen Institutionen könnten den großen Anforderungen unserer Zeit nicht auf Anhieb gewachsen sein, begibt sich in die Nähe demokratiefeindlicher Tendenz. Denkverbote darf es gerade in einer liberalen Demokratie nicht geben. Aber jeder, der sich an der Debatte über die Zukunft der Demokratie beteiligt, muß die Folgen der *Konservativen Revolution* der zwanziger und dreißiger Jahre vor Augen haben. Selbst der Parteienkritiker, der nichts, aber auch gar nichts mit den neuen Rechtsradikalen und ihren Steigbügelhaltern im Sinne hat, muß sich immer wieder selbstkritisch fragen, ob seine Äußerungen wirklich der Reform der parlamentarischen Demokratie dienen, oder ob er nicht ungewollt den Zerstörern der freiheitlichen Ordnung in die Hände arbeitet. Gerade in Zeiten des Umbruchs, die Zukunftsängste, Verdruß und Resignation mit sich bringen, sind viele Menschen empfänglicher für radikale Kritik, Häme, Aggression und Verteufelung als für das unermüdliche Arbeiten an Reformen im Sinne der schlichten Leistungsethik Max Webers, der Forderung des Tages gerecht zu werden.

Aber die sogenannte »politische Klasse« muß auch selbst dafür sorgen, daß sie ihren Ruf verbessert. Sie ist aufgefordert, sich den politischen Problemen sachorientiert zu stellen, anstatt sie zum parteipolitischen Kampf zu mißbrauchen. Sie muß offener werden gegenüber qualifizierten Bürgern aus Wirtschaft und Wissenschaft. Allerdings setzt das auch eine Öffnung der Verbände, Unternehmen und Universitäten für Politiker voraus, die nach acht oder zwölf Jahren vielleicht gern ihre Kenntnisse und Erfahrungen in anderen Bereichen anwenden würden. Die Forderung nach Durchlässigkeit kann keine Einbahnstraße sein. Ein wenig Frischluft tut im übrigen nicht nur den Parteien gut, sondern auch der deutschen Wirtschaft und ganz sicher den Hochschulen unseres Landes.

Am meisten haben den Politikern die Bereicherungsskandale der letzten Jahre geschadet, beispielsweise die offenkundig überzogenen Gehälter des Kabinetts in Sachsen-Anhalt. Aber deshalb von *den* »korrupten Politikern« zu sprechen, ist schlicht unfair. Das gilt hinsichtlich der größten Zahl der Bundes- und Landtagsabgeordneten, aber vor allem auch für die unzähligen »Ehrenamtlichen«. Die »Summe der Schweinehunde« ist in jeder gesellschaftlichen Gruppe annähernd gleich, hat Antje Vollmer zu Recht festgestellt. Gibt es etwa Ellbogeneinsatz, Eifersüchteleien und Egoismus nicht auch in anderen Bereichen? Sind Intrigen, Seilschaften, Vorteilsnahmen oder fingierte Spesenabrechnung nur der Politik vorbehalten? Oder wird die Politik nicht vielleicht einfach nur besser durchleuchtet?

Politiker sind keine Engel, aber auch nicht alle vom Teufel. Zusammen bilden sie ein ziemlich gutes Spiegelbild der Bürger, die oft gern eigene Unzulänglichkeiten in großen Gesten der Empörung gegen die »politische Klasse« überspielen.

Neben der scheinbaren Korruptheit unserer Politiker wirft die *konservativ-revolutionäre* Parteischelte von heute den Abgeordneten des Bundestages immer wieder ihre angebliche Mittelmäßigkeit vor. Das einzige, was der Politiker lernen müsse, sei die parteipolitische Ochsentour.

Ohne Zweifel sind die meisten Abgeordneten keine intellektuellen Überflieger. Sie sind in der Regel auch keine besonderen Literatur- oder Kunstkenner und schreiben – mit Ausnahme von Peter Glotz – auch nicht zwei Bücher im Jahr.

Aber wollen wir einen Philosophenstaat, in dem nur die intelligentesten Köpfe regieren? Wollen wir ein Parlament von Eliteschülern und Strebern? Sollen lauter Intellektuelle die Macht ausüben? Bitte nicht! In unserem Bundestag sitzen zum Glück auch Handwerksmeister, Volksschullehrer, Arbeiter, Hausfrauen und kleine Angestellte. Sie sind oft keine Weltbeweger. Aber sie kennen zumeist die Sorgen der Bürger aus erster Hand, und viele verstehen ihr Handwerk. Kaum jemand macht sich eine Vorstellung davon, daß Politik nicht nur aus den großen Debatten besteht, die in den Medien Widerhall finden, sondern aus mühsamer Detailarbeit an Gesetzesparagraphen und Entschließungen. Wer die Flut unserer Gesetze kennt und die damit einhergehenden Ansprüche und Forderungen betroffener Personen, Gruppen und Verbände, der kann sich leicht eine Vorstellung davon machen, was ein einzelner Abgeordneter zu bewältigen hat.

Sicher gibt es Politiker, die der Aufgabe nicht gewachsen sind, die sich nur durchwursteln, in ihren täglichen Aktenbergen versinken, sich bei Interviews notorisch verhaspeln, keine Prioritäten setzen können oder mit Mitarbeitern nicht umzugehen wissen. Aber gibt es überforderte Menschen nicht überall? In jeder Berufssparte gibt es Leute, die nicht mithalten können, und überall gibt es Mittelmäßigkeit. Politik in der Demokratie ist eben nicht die Regierung

der Klügsten und Edelsten. Gerade das aber macht »Volks-
herrschaft« aus!

Schließlich hat sich das von der rechtskonservativen (und
oft auch linken) Parteienkritik verbreitete Klischee durchgesetzt, daß in Bonn nur noch »von der Basis« abgehobene,
machtgierige Cliquen herrschen, die sich untereinander
Pfründe zuspielen. Der Glaube an solche Verruchtheit hin-
dert viele Bürger allerdings nicht, sich ihre Mandatsträger
auf vielfältige Weise nutzbar zu machen: als Kontaktver-
mittler, Zuschußbesorger, persönlicher Berater in Renten-
angelegenheiten und »Druckausüber« gegenüber Regie-
rungsstellen. Dabei soll der Volksvertreter dann ruhig seine
Bonner Beziehungen spielen lassen. Dann plötzlich haben
manche Bürger nichts mehr gegen »Seilschaften« oder
»Vitamin B«.

»Ihrer kurzfristigen Antwort sehe ich mit Interesse entgegen« oder »da ich Sie gewählt habe, erwarte ich von Ihnen
in den nächsten Tagen eine konkrete Antwort« sind Formu-
lierungen, mit denen der Volksvertreter häufig konfrontiert
wird. Ferner ist es Mode geworden, dem Abgeordneten
anzudrohen, daß im Falle einer nicht hinreichenden Antwort die Politikverdrossenheit steigen würde. Und beim
nächsten Mal müsse man sich dann überlegen, ob man
nicht die »Republikaner« wähle. Der Abgeordnete droht
zum Lobbyisten seines Wahlkreises, zum Erfüllungsgehilfen eines jeden zu denaturieren, der sich seiner zu bedienen
sucht.

In den siebziger Jahren gelang es, der neomarxistischen
Parteien- und Parlamentarismuskritik zu trotzen. In einer
offensiven Auseinandersetzung konnte dem Vorwurf einer
»Transformation der Demokratie« (Johannes Agnoli/Peter
Brückner) erfolgreich begegnet werden. In gleicher Weise

33

gilt es nun, der rechten und der unpolitischen Totaldiffamierung zu wehren, die vielfach ganz ähnliche Denk- und Argumentationsmuster aufweisen. Dabei müssen wir die neu erscheinenden, in Wirklichkeit aber alten Affekte gegen »die Parteien« überwinden. Wir müssen auch die noch immer im deutschen Politikverständnis schlummernde Verachtung für Kompromisse aufgeben. Zugeständnisse sind in der Demokratie nicht gleichzusetzen mit Schwäche und Prinzipienlosigkeit, sondern sie sind die Voraussetzung für notwendige Mehrheiten und damit der eigentliche Beweis für die Fähigkeit zur demokratischen Politik. In der Demokratie bedeutet Politik fast immer die Wahl zwischen dem größeren und dem kleineren Übel. Ganz glücklich ist man nie. Aber dafür auch selten ganz unglücklich und vor allem nicht unterdrückt. Die Demokratie ist niemals der Himmel auf Erden, aber sie verhindert die Hölle.

Das Ziel muß sein, die Notwendigkeit von Reformen unserer politischen Ordnung mit einer grundsätzlichen Achtung vor den Institutionen der Demokratie und ihrer gewählten Vertreter zu verbinden. Die parlamentarische Demokratie muß »wetterfest« sein, d. h., sie muß sich auch in wirtschaftlichen Kreisen behaupten; dadurch, daß sie dann ihre größten Stärken ausspielt, nämlich die Fähigkeit zur Selbstkritik und zur Anpassung an neue Herausforderungen. Das verlangt viel von den Politikern, aber auch von den anderen Teilnehmern im demokratischen Prozeß: Intellektuellen, Journalisten, Bürgern. Vor dem Hintergrund der Weimarer Erfahrung gilt es, mit Fundamentalopposition und Häme zurückhaltend zu sein und bei aller Kritik die Einsicht zu erhalten, daß es eine freiheitliche Alternative zur demokratischen Ordnung nicht gibt.

Mystik statt Aufklärung

Zeiten des Umbruchs mit ihren faktischen und eingebilde-
ten Problemen und Krisen begünstigen immer allgemeinen
Kulturpessimismus und – zumal in Deutschland – die
romantische Suche nach tiefgreifender und endgültiger
Erlösung von der Bürde des eintönigen Alltags in einer
komplizierten Welt. Aufklärerisches und rationales Denken hat es schwer, utopisches oder mystisches Denken wird
begünstigt. Der Vernunft wird das Gefühl, der bewußten
politischen Entscheidung der Instinkt entgegengehalten.
Der Schriftsteller Ernst Jünger gehörte in den zwanziger
und dreißiger Jahren zur *Konservativen Revolution*. Die
Wiedergeburt des Deutschen Reiches erhoffte er sich von
einer »Mobilisierung revitalisierter Lebensinstinkte, vom
neuen Willen zur Macht«.
Jünger verherrlichte das Kriegserlebnis am wirkungs-
vollsten in seinem Tagebuch »In Stahlgewittern« (1920),
aber auch in dem von ihm herausgegebenen Sammelband
»Der Kampf um das Reich«: »Dem Elementaren aber, das
uns im Höllenrachen des Krieges seit langen Zeiten zum
ersten Male wieder sichtbar wurde, treiben wir zu. Erst
wenn dieses Schauspiel der im Leeren kreisenden Kreise
hinweggefegt ist, wird sich das entfalten können, was noch
an Natur, an Elementarem, an echter Wildheit, an Fähig-

keit zu wirklicher Zeugung mit Blut und Samen in uns steckt.«

Jeder rationale Ansatz wurde verschmäht, das Dasein als bloßes Sein dem Wachsein vorgezogen. Leben wurde in einen Gegensatz zum Denken gesetzt, Empfinden zum Verstehen, Erleben zum Erkennen, die Zeit zum Raum, das Schicksal zur Kausalität.

Neben Jünger hat vor allem die Lyrik Stefan Georges und seiner Anhänger erhebliche Wirkung erzielt. »Das Neue Reich« nannte George seinen Gedichtband, der einer antidemokratischen Führerideologie huldigte, in tiefem Mystizismus gründete und in eine hochmütige Verdammung der demokratischen Verhältnisse mündete.

Ein weiteres Beispiel für einen Dichter, der als *Konservativer Revolutionär* der braunen Bewegung den Boden bereitete, dies aber später bitter bereute, ist Gottfried Benn. Sein 1933 erschienenes Buch »Der neue Staat und die Intellektuellen« wurde vom Verlag wie folgt angekündigt: »Benn legt hier ein Bekenntnis ab zum neuen Staat und begründet seinen Schritt in das andere Lager – das für ihn kein ›anderes‹ war, sondern das ihm seit je gemäße. Denn in Wahrheit wurzelte er immer in dem gleichen Boden, in dem das erneuerte Deutschland in seinen letzten Tiefen wurzelte. Sein Bekenntnis zu ihm wird denjenigen unter den Angehörigen der deutschen Intelligenzschichten, die abseits stehen, ein Mahnruf zur Besinnung und zur Überprüfung überlebter Anschauungen sein.«

Gottfried Benn liebte das Mystische in besonderer Weise:

»Oh, oh, daß wir unsere Urahnen wären.
Ein Klümpchen Schleim in einem warmen Moor.
Leben und Tod, Befruchten und Gebären
Glitte aus unseren stummen Säften vor.

Ein Algenblatt oder ein Dünenhügel,
Vom Wind geformtes und nach unten schwer.
Schon ein Libellenkopf, ein Möwenflügel
Wäre zu weit und litte schon zu sehr.«

Der in diesem Gedicht deutlich werdende gedankliche Ansatz, der das schlichte Sein zum Mythos erhebt, begründete in seiner Konsequenz die Liebe zum Schicksal, eine Art Prädestinationsglaube, der logischerweise den Menschen und sein Handeln der Kategorie der Verantwortung entzog. Angst vor der Welt kommt hier zum Ausdruck, als dessen Antwort die Geborgenheit des Mutterschoßes gesucht wird.

Solches Denken und Fühlen war den Denkern und Dichtern der *Konservativen Revolution* weitgehend gemein. Oswald Spengler schrieb in seinem Buch »Der Untergang des Abendlandes«: »Der Mensch wird wieder Pflanze, an der Scholle haftend, dumpf und dauernd. Das zeitlose Dorf, der ewige Bauer, treten hervor, Kinder zeugend und Korn in die Mutter Erde versenkend, ein emsiges, genügsames Gewimmel, über das der Sturm der Soldatenkaiser hinbraust. Man lebt von der Hand in den Mund . . .«

Auch heute haben solcher Mystizismus, solche Wendung von Vernunft zu Gefühl, die Suche nach dem Elementaren und Eigentlichen in der für oberflächlich und »zerfasert« erklärten Welt wieder Konjunktur. Ein Beispiel dafür stellt der Dichter Rolf Schilling dar. Er aktiviert »in massiver Weise archaische, nationale und mythische Symbole« (Schilling über Schilling). Im System der technischen Zwänge geht nach seinem Empfinden die Welt in ihrer Fülle und Schönheit verloren. In dieser Zeit »der Weltwende und Götterferne« bedürfe es der bewahrenden Kräfte, der Erweckung der in uns lebendigen alten Quellen. Die Werke Schillings werden in der *Jungen Freiheit* in jeder Ausgabe propagiert, u. a.: Stunde des Widders. Questen-Gesang (1990), Kreis der Gestalten, Das holde Reich, Schwarzer Appollon (1990) sowie: Tag der Götter, Gedichte mit Bildern von Arno Breker (1990).

Ein noch wichtigeres Beispiel für das Aufleben des Mystizismus ist der berühmt gewordene Aufsatz »Anschwellender Bocksgesang« des deutschen Schriftstellers Botho Strauss im *Spiegel* vom 8. Februar 1993.

Strauss' Artikel muß man genau studieren und immer wieder lesen. Er ist ein »zeitgeschichtliches Alarmzeichen« (Martin und Sylvia Greiffenhagen), eine Zäsur im politischen Denken der Bundesrepublik. Ein 68er, der zum *Konservativen Revolutionär* wird. Die meisten gedanklichen Figuren der revolutionären Rechten der zwanziger Jahre tauchen nun bei ihm wieder auf: radikale Zivilisationskritik, Untergangsphantasien, antiaufklärerisches und mystisches Denken, Verhöhnung der politischen Öffentlichkeit, dazu Fremdenfeindlichkeit und Ethnozentrismus.

Botho Strauss sieht eine herannahende Zeitenwende und spricht vom »Terror des Vorgefühls«. Die moderne Zivilisation, die er einer radikalen Kritik unterzieht, würde mit einem »Kulturschock« abbrechen. Er greift die »linke kulturelle Mehrheit« an, die »gewitzten und zerknirschten Gewissenswächter«, die mit rationalen Mitteln eine »Beschwörung« betrieben und für sich eine »magische und sakrale Autorität« beanspruchten. Die politische Rechte dagegen hoffe auf einen »tiefgreifenden Wechsel der Mentalität«, auf die endgültige Verabschiedung eines nun hundertjährigen »devotionsfeindlichen Kulturbegriffs«. Die Rechte sei ein »politisches Externum«, eine »geistige

Reserve« zur Bekämpfung und Leugnung der Allmachts-
ansprüche des Politischen. Die Rechte stelle sich gegen die
Ideoloeie der Nachkriegszeit, deren Stimmungsgeschichte
eine »der Negationen und des Vaterhasses sei, eine häßliche
Frucht aus der Vereinigung eines verordneten mit einem
libertären bis psychopathischen Antifaschismus«.

Die rechtsradikalen Gewaltexzesse unserer Tage sind für
ihn »seismische Vorzeichen, Antizipationen einer größeren
Bedrängnis«. Das dabei immer wieder betonte »Deutsche«
sei nur ein Codewort. Darin verschlüsselt liegen nach
Strauss »die weltgeschichtliche Turbulenz, der sphärische
Druck von Machtlosigkeit, Tabuverletzung und Emanzipa-
tion in später Abfolge und unter umgekehrten Vorzeichen,
die Verunsicherung und Verschlechterung der näheren
Lebensumstände, die Heraufkunft der ›teuren Zeit‹ im Sin-
ne des Bibelwortes«. Die Schändungen und antisemiti-
schen Ausschreitungen der Neonazis erscheinen Strauss
vor diesem Hintergrund keineswegs als »militante Akte der
Gegenaufklärung«. Vielmehr verharmlost er sie, bis hin zur
Problematisierung des Begriffs »Neonazi«: Dürfen, so
Botho Strauss, »von uns verwahrloste Kinder zu unseren
Feinden werden?«

Und weiter: »Rechts zu sein, nicht aus billiger Überzeugung, aus gemeinen Absichten, sondern von ganzem
Wesen, das ist, die Übermacht einer Erinnerung zu erleben,
die den Menschen ergreift, weniger den Staatsbürger, ihn
vereinsamt und erschüttert inmitten der modernen, aufgeklärten Verhältnisse, in denen er sein gewöhnliches Leben
führt. Es handelt sich um einen anderen Akt der Auflehn-
nung: gegen die Totalherrschaft der Gegenwart, die dem
Individuum jede Anwesenheit von unaufgeklärter Vergangenheit, von geschichtlichem Gewordensein, von mythi-

scher Zeit rauben und ausmerzen will. Anders als die linke Phantasie malt sich die rechte kein künftiges Weltreich aus, bedarf keiner Utopie, sondern sucht den Wiederanschluß an die lange Zeit, die unbewegte, ist ihrem Wesen nach Tiefenerinnerung und insofern eine religiöse oder protopolitische Initiation.«

Das sind schlimme Sätze. Nicht, daß man manche Kritik an der westlichen Zivilisation, ihren Auswüchsen von Überfluß, Fernsehberieselung, Oberflächlichkeit und oft nur eingebildeter Betroffenheit nicht nachvollziehen könnte. Es gibt in dem Strauss-Aufsatz auch vernünftige Passagen, etwa wenn er zwischen einem Schaugespräch und einem Schauprozeß nur graduelle Unterschiede in der »Vorführung von Denunzierten« sieht. Hat Strauss nicht auch recht, wenn er schreibt: »Wer sich bei einer privaten Unterhaltung von Millionen Unbeteiligter begaffen läßt, verletzt die Würde und das Wunder des Zwiegesprächs, der Rede von Angesicht zu Angesicht, und sollte mit einem lebenslangen Entzug der Intimsphäre bestraft werden. Das Regime der telekratischen Öffentlichkeit ist die unblutigste Gewaltherrschaft und zugleich der umfassendste Totalitarismus der Geschichte. Es braucht keine Köpfe rollen zu lassen, es macht sie überflüssig ... Es herrscht der Drill des Vorübergehenden, gegen den keine Instanz der Erde sich noch auflehnen kann.«

Ähnliche Zivilisationskritik ist in den siebziger und achtziger Jahren von der Linken geäußert worden. Herbert Marcuse etwa sprach von den bisher nicht gekannten Möglichkeiten zur Befriedigung von Konsumbedürfnissen, die den Menschen durch einen umfassenden Manipulationsmechanismus, durch Medien und Reklame, eingeredet würden. Die menschliche Seelenstruktur verarme, als einzelnes

Wesen werde er in einem Gesamtsystem vergesellschaftet, sei zu einer wirklich individuellen Entfaltung nicht mehr in der Lage und in Wahrheit totalitär gesteuert. Die Gesellschaft verfüge nur noch über einen formalen Vernunftbegriff, der sich lediglich auf die Frage der Rationalität im Sinne der Leistungsfähigkeit zur Erreichung eines bestimmten Zieles beziehe, nicht aber auf das Ziel als solches. So liegt nach Marcuse die Rationalität der Gesellschaft gerade in ihrem Irrsinn, welcher in dem Maße subjektiv als rational angesehen wird, in dem er sich als leistungsfähig erweist. Diese neue »Entfremdung« offenbare den inneren Widerspruch unserer Zivilisation: »Das irrationale Elend ihrer Rationalität«. (Herbert Marcuse, Der eindimensionale Mensch, 1967)

So läßt sich das Umsteigen von neomarxistisch inspirierter Studentenrevolte zum *Konservativen Revolutionär* in manchen Fällen gar nicht schwer erklären. Im Grunde ändert man nur das Vorzeichen. Der Haß gegen das bestehende System bleibt gleich. Das gilt auch für die Methoden der Kritik. Negative Auswüchse der westlichen Zivilisation werden beschrieben, überspitzt und im Sinne einer Fundamentalkritik grundsätzlich gegen die liberale Gesellschaft gewendet.

Im Hintergrund steht die Unfähigkeit, mit den Spannungen und Unzulänglichkeiten des Menschen zu leben, die in jeder Gesellschaftsordnung hervortreten und die in Zeiten epochalen Wandels besondere Verunsicherungen hervorrufen. So stürzt sich dann der linke Zivilisationskritiker in Utopien von herrschaftsfreier Gesellschaft und versucht den Himmel auf Erden zu errichten, der nach Karl Popper stets die Hölle produziert. Oder er sucht, wie die Jüngers, Benns, Georges oder Strauss', die Erlösung im Mythos, in der Tiefenerinnerung, im Instinkt, im Elementaren. Der eine betet den jungen Marx an, der andere sehnt sich nach Thor und Odin zurück. Das eine wie das andere ist eine Flucht aus der schwierigen Wirklichkeit, eine gefährliche Reduktion von Komplexität als Folge der Sehnsucht nach endgültiger, alles erklärender Wahrheit.

Botho Strauss füchtet und verachtet im allgemeinen die öffentliche Ausseinandersetzung, lebt zurückgezogen, denkt und schreibt vor sich hin. Er engagiert sich weder bei Lichterketten gegen Fremdenfeindlichkeit noch sonst im politischen Leben. Dafür hat er eine schöne Entschuldigung gefunden. Da sowieso alles verdorben ist, da der tägliche Kleinkampf für eine bessere Gesellschaft mit all ihren Enttäuschungen und Rückschlägen zu kompliziert ist, da sowieso alles öffentliche Engagement heuchlerisch und falsch ist – da das alles so ist, darf man so leben, wie er lebt. Dieses Recht bestreitet niemand, denn der liberale Verfassungsstaat schützt auch diejenigen, die sich ihm verweigern oder in in Frage stellen.

Vielleicht haben wir Strauss nicht gut genug verstanden, versucht Antje Vollmer den Schriftsteller in Schutz zu nehmen. Er dürfe nicht gleich verteufelt werden, vielmehr müsse man ihm Gedankenfreiheit zugestehen, sich mit ihm auseinandersetzen. Natürlich soll er Gedankenfreiheit haben, selbstverständlich muß man über seine ja keineswegs nur abwegigen Beobachtungen nachdenken, und vielleicht ist sogar wahr, daß man diesen hochsensiblen, intelligenten Kopf auch mißversteht.

Aber darf sich ein Dichter, der sich im *Spiegel* an ein Millionenpublikum wendet, so mißverständlich ausdrücken? Darf er das tun, vor allem nach Auschwitz? Muß er nicht vor dem Hintergrund der historischen Erfahrung, wie der

Wirkungsgeschichte der *Konservativen Revolution* in Weimar, in besonderer Weise auch das bedenken, was seine Äußerungen eventuell in den Köpfen schrecklicher Vereinfacher anrichten können? Botho Strauss gehört nicht zu den Verharmlosern und Relativierern des Holocaust. Die Verbrechen der Nazis hält er für so gewaltig, »daß sie nicht durch bürgerliche Scham oder andere bürgerliche Empfindungen zu kompensieren sind«. – Aber wenn er das weiß, wieso kann er dann so fahrlässig mit den Errungenschaften von Aufklärung und Liberalismus umgehen? Wieso gibt er den Reaktionären und Radikalen dann solche Stichworte?

Junge Freiheit, Criticón, Nation Europa und andere rechtsradikale Publikationen feiern jedenfalls ihren Strauss als den »sensationellsten Überläufer«, der der erste Dichter von Bedeutung sei, »welcher in der ihm eigenen Sprache die Ablösung des erstarrten Linksliberalismus fordert und das Lebensrecht einer deutschen Rechten vertritt« (Armin Mohler).

Mohler, der frühere Sekretär Ernst Jüngers und einer der klügsten Rechtsintellektuellen in Deutschland, ruft dem Dichter ein freudiges »Willkommen« zu und bekundet Respekt vor seiner Vision.

Was aber geschieht mit Strauss, wenn andere, viel primitivere Geistesverwandte seine Visionen wirklich umsetzen? Dann wird der Dichter den bekämpften Liberalismus vielleicht vermissen, der ihm die Möglichkeit zur Kritik gab. Hoffentlich bleibt ihm die Erfahrung erspart, die manche seiner Umsteigerkollegen in den dreißiger Jahren machen mußten: Sie zerbrachen an der wachsenden Gewißheit, mit ihren Worten und Werken dem Wahnsinn den Weg bereitet zu haben.

Einer der jungkonservativen Revolutionäre der Weimarer

Zeit, Franz Mariaux, veröffentlichte 1931 das Buch »Der Schutthaufen«. Gemeint war der liberale Staat von Weimar, die Dekadenz der modernen Zivilisation. In manchen Abschnitten gleicht es den Gedanken von Strauss, so etwa, wenn Mariaux ausführt: »Es sind die Verluste von Formen, von einer Ordnung, die schon einmal da war. Damals als noch das Leben auf der Erde die Gesetze schrieb. Neue Visionen von Ordnung schießen empor. Wirklichkeit war sie schon einmal. Es kommt wieder. Neuer Glaube: alte Gläubigkeit. Neue Mythen, unklar, ungewiß, alte mystische letzte Gewißheit.«

Da war er also schon einmal, der lauter werdende Mysterienlärm, der Bocksgesang in der Tiefe, die Opfergesänge im Inneren, der Terror des Vorgefühls. Das war »rechte Phantasie«, die den Wiederanschluß an Tiefenerinnerung sucht.

Arthur Moeller van den Bruck schrieb 1923, daß »der konservative Mensch« eine Stelle suche, »die Anfang ist«. Man müsse »Erhalter und Empörer« zugleich sein. Konservativ sein, bedeute in der Weimarer Zeit Umgestaltung, nämlich »Dinge zu schaffen, die zu erhalten sich lohnt«.

Bei Botho Strauss hört sich das heute so an: Er wendet sich gegen die Warnungen vor Geschichtswiederholung nach dem Motto »Wehret den Anfängen!« – Und er schließt an: »Ach! Setzt selber einen.«

Aber genau das wollen und dürfen wir nicht. Es gilt den Reformstau unserer Tage zu überwinden, die nach der Aufhebung der Trennung von Land und Kontinent entstandenen Probleme mit klugen Ideen lösen. Für einen neuen Staat und eine andere Gesellschaft aber besteht kein Grund. Wir wollen kein neues Reich und verzichten auf die alten Mythen. Wir wollen die Bonner Republik fortsetzen – auch in Berlin.

44

Völkische Ideologie, Rassismus und Antisemitismus

Das antiliberale, antiaufklärerische, antizivilisatorische Denken des Botho Strauss paart sich nicht mit antikapitalistischem und klassenkämpferischem Denken, wie es für die linke Bewegung der sechziger und siebziger Jahre kennzeichnend war. Vielmehr verschmilzt es mit völkischem und fremdenfeindlichem Gedankengut, darin wieder den Vorbildern der *Konservativen Revolution* in Weimar, ihren Vor- und Mitläufern verbunden. Strauss bewundert, wenn »ein Volk sein Sittengesetz gegen andere behaupten will und dafür bereit ist, Blutopfer zu bringen«. Botho Strauss sieht die Deutschen in einem Zwang, sich gegenüber »Heerscharen von Vertriebenen und heimatlos Gewordenen« mitleidvoll und hilfsbereit zu verhalten, da sie durch Gesetz zur Güte verpflichtet würden.

Man mag ihm zustimmen in der Kritik an einem TV-Moderator, der mit bleicher Entrüstung mitteilt, Deutschland drohe wegen der Asylrechtsänderung zum größten Deportationsland Europas zu werden. Strauss hat recht. Das ist eine Begriffsschändung, dem Journalisten fehlt jedes Maß. Aber muß man deshalb gleich ins andere Extrem verfallen? Das tut Strauss, wenn er einige Sätze später sagt: »Rassismus und Fremdenfeindlichkeit sind ›gefallene‹ Kultleidenschaften, die ursprünglich einen sakralen und ordnungs-

45

stiftenden Sinn hatten.« Der Dichter hört den »lauter werdenden Mysterienlärm, den Bocksgesang in der Tiefe unseres Handelns«. Die Opfergesänge schwellen bereits, aber von der »Gestalt der künftigen Tragödie« wissen wir noch nichts.

Wir sind jedoch dazu da, heraufziehende Tragödien abzuwenden, etwa dadurch, daß wir denen widersprechen, die Rassismus für heilig und ordnend halten. Und daß wir denen entgegentreten, die kultische Leidenschaften, das Tier im Menschen wiederentfesseln und zurückwollen vor den Anfang jeder Zivilisation. Blutopfer für völkische Selbstbehauptung im sinnlosen Kampf der Stämme untereinander – warum sollen wir das wieder wünschen? Wir haben das doch alles schon gehabt, erdacht und wiedergekäut in unzähligen Publikationen Ende des 19. und Anfang des 20. Jahrhunderts. Strauss' Bocksgesang kommt doch nur sechzig Jahre später, fast auf den Tag genau, nachdem völkisches und rassistisches Gedankengut die Macht in Deutschland erorberten.

Die völkische Weltanschauung beruht auf der Idee einer von fremden Blutbeimischungen gereinigten deutschen Nation. Alles Undeutsche erscheint als feindlich: »Seit Jahrhunderten ringen zwei Weltanschauungen um die deutsche Seele. Die eine erwuchs ihr aus dem Grunde des eigenen Wesens, die andere empfing sie aus der Fremde. Darum krankt die deutsche Seele an einer Übersättigung mit fremder, ihr unverdaulicher Kost. Sie wird nur gesunden, wenn sie sich wieder an die Früchte ihres eigenen Bodens gewöhnt.« (Max Wundt, Staatsphilosophie. Ein Buch für Deutsche, 1923)

Der Glaube an die Überlegenheit deutschen Geistes, der im Gegensatz zu anderen Völkern allein die Fähigkeit zur Tiefe und Originalität besitzt und sich vor allem gegen »westliche Überfremdung« zu wehren habe, geht auf Fichtes »Reden an die deutsche Nation« von 1807/08 zurück. Hier wird – in Abwehr der Ideen der Französischen Revolution – die rein rationalistisch begründete Idee des Verfassungsstaates zurückgewiesen, als fremd und dem deutschen Wesen feindlich gegenüberstehend dargestellt. Der einzelne tritt hinter der Volksidee zurück, muß sich im schlimmsten Fall dafür opfern. Das Volk ist für Fichte »Träger und Unterpfand der irdischen Ewigkeit«.

Damit war bereits ein Ausgangspunkt für die Konzeption einer völkischen Ideologie gegeben, »die dann im Unterschied zur etatistischen Herrschaftsdoktrin des Faschismus die nationalsozialistische Weltanschauung bestimmt hat« (Karl Dietrich Bracher).

Zwei Jahre später erschien Turnvater Friedrich Ludwig Jahns einflußreiches Buch »Deutsches Volkstum«. Die Idee des Volkstums wird bei Jahn dem Staat übergeordnet. Nationale Größe könne nur durch völkische Reinheit erworben werden. Rassenmischung führe, wie das alte Rom gezeigt habe, zu kulturellem Untergang. Volkstum ist in diesem Denken Voraussetzung aller schöpferischen Kraft. Die Sprache müsse von Fremdwörtern gereinigt, und nationale Symbole müßten geheiligt werden.

Der Literaturhistoriker Wolfgang Menzel, begeisterter Burschenschaftler und Turner, wandte sich gegen den »überfremdeten Goethe«, der für die deutsche Eigentümlichkeit kein Verständnis gehabt habe, und erklärte in seiner »Deutschen Mythologie« den Germanengott Odin zur Personifikation jener Kraft der Deutschen, »welche das Volk zum herrschenden in der Weltgeschichte machte«.

Trotz politischer Gegenkräfte im liberalen, teilweise im

konservativen und später im sozialistischen Denken erlangten völkisch-nationalistische Ideen im Laufe des 19. Jahrhunderts breite Wirkung bis tief hinein ins Bürgertum. Studentenverbindungen wie der antisemitische *Verein Deutscher Studenten*, eine Fülle verschiedener nationaler Organisationen, patriotische Klubs und Militärvereinigungen förderten die Ausbreitung solcher Gedanken. Richard Wagner, der 1848 als liberaler Revolutionär in Dresden Barrikaden errichet hatte, zählte zu den zahllosen Überläufern. Er wurde Anhänger eines mystifizierenden Nationalismus, begründete einen totalen Herrschaftsanspruch der Deutschen und beschwor mit seinen Opern die barbarische germanische Vergangenheit (Botho Strauss würde sagen: mit all ihren Kultleidenschaften). 1870 plädierte er für die Zerstörung von Paris als symbolische Befreiung der Welt vom Übel der dekadenten Weltzivilisation. Emmanuel Geibel prophezeite, »am deutschen Wesen wird die Welt genesen«, der Göttinger Orientalist Paul de Lagarde forderte die Reinigung des Deutschtums von allem Fremden, vom römischen Recht, der Aufklärung und dem Parlamentarismus.

»Nieder mit dem Tyrannen« riefen deutsche Studenten und meinten damit nicht, wie ihre französischen oder englischen Kommilitonen, den Kampf für Liberalismus und Demokratie. Vielmehr war ihr Ruf gegen Karl den Großen gerichtet, der gegen die Sachsen gekämpft hatte, um sie vom Germanen- zum Christentum zu bekehren. Germanische Bräuche und Riten, vor allem die Feier der Sommersonnenwende, galten als »in«.

In unseren Tagen dagegen sind es noch verschwindende Minderheiten, nämlich im rechtsradikalen Lager, die gemeinsam zu germanischen Kultstätten reisen und dort völkischen Riten frönen. Aber auch die Vertreter der heutigen

Konservativen Revolution wie Karlheinz Weißmann sind von solchen Themen fasziniert. »Schwarze Fahnen – Runenzeichen« und »Druiden – Goden – weise Frauen. Zurück zu Europas alten Göttern« gehören zu den wichtigsten Veröffentlichungen des 35jährigen Historikers.

Gründe für die damalige Identitätssuche in Volkstum und germanischen Bräuchen gab es im 19. Jahrhundert genug. Die gescheiterte Revolution von 1848, der verbreitete Minderwertigkeitskomplex aufgrund der verspäteten Nationbildung, die durch die Befreiungskriege fatalerweise herbeigeführte antiwestliche Wendung und nicht zuletzt die Veränderung der Lebensverhältnisse infolge der industriellen Revolution. Die Umbruchsituation der damaligen Zeit führte zu einer Idealisierung volkstümlicher Lebens- und Arbeitsformen. Die mit der Industrialisierung einhergehenden Entfremdungserscheinungen, die Anpassungsprobleme, die Verstädterung und der Strukturwandel der Arbeitswelt schufen einen fruchtbaren Boden, auf dem die Saat der völkischen Ideen gedeihen konnte. Auch heute haben wir es mit zahlreichen krisenhaften Erscheinungen im Gefolge eines tiefgreifenden Umbruchs zu tun.

Gegen Ende des 19. Jahrhunderts radikalisierte sich der völkische Rassismus. Der schleswig-holsteinische Schriftsteller Julius Langbehn erzielte große Erfolge mit seiner Glorifizierung der »Macht des Blutes«. Die Gaben eines Menschen erwachsen danach nicht aus dessen Talenten, sondern durch rassische Überlieferungen, durch Vererbung. Die äußeren Merkmale eines Menschen widerspiegelten sein Innerstes, weshalb man Rassen an äußeren Wesensmerkmalen unterscheiden könne. Langbehn führte den Begriff der »rassischen Unzulänglichkeit« in die Terminologie völkischer Ideologie ein.

Wie wurde die angebliche Auserwähltheit, der Vorzug der »deutschen Rasse« begründet? Der römisch-republikanische Geschichtsschreiber Tacitus bietet in seinem Werk »Germania« geographische und ethnographische Beschreibungen der Germanen. Diese Beschreibungen dienten der völkischen Bewegung dazu, ihre Ideale zu begründen. Tacitus hatte versucht, in pädagogischer Absicht einen Gegensatz zwischen den degenerierten römischen Legionären und den zum Kampfe motivierten, ausdauernden Germanen zu entwickeln. Er beschrieb die Germanen als Krieger, Ackerbauer und Viehzüchter. Ihre naturverbundene, unmittelbare Entfaltung menschlichen Seins wurde von völkischen Ideologen idealisiert. Dabei wurde verschwiegen, daß höheres Kulturgut wie Literatur und Philosophie, Städte- und Straßenwesen erst von den Römern erlernt werden mußte. Der von Tacitus vornehmlich an die Römer gerichtete Vorwurf, im Vergleich zu den germanischen Kriegern als schwach und dekadent abzuschneiden, wurde von den völkischen Denkern zum Beweis der Überlegenheit des Urdeutschen erkoren. Die Erwähnung des Tacitus, daß die Germanen sich nur untereinander vermehrten, wurde zum Ideal der reinen Rasse hochstilisiert.

Besonders Houston Stewart Chamberlain, der Schwiegersohn Richard Wagners, instrumentalisierte den Tacitus, um seinem Rassimus eine vermeintliche Grundlage zu liefern. In seiner Abhandlung »Die Grundlagen des 19. Jahrhunderts« (1899) erschien die gesamte abendländische Geschichte als eine Geschichte von Rassenkämpfen. Weite Kreise des Bürgertums ließen sich dadurch beeindrucken, sogar Kaiser Wilhelm II. gehörte zu den Verehrern Chamberlains, und der Chefideologe der Nationalsozialisten, Alfred Rosenberg, stützte sein agitorisches Buch »Der

Mythus des 20. Jahrhunderts« dreißig Jahre später auf die Schrift des Engländers.

Der bei Chamberlain wie bei Rosenberg zugrunde liegende Sozialdarwinismus, der später zu einem entscheidenden Element der nationalsozialistischen Weltanschauung wurde, entwickelte schon im Kaiserreich und noch mehr in der Weimarer Republik eine gegen jedes humanistische Denken gerichtete explosive Kraft. In Anlehnung an die biologische Entwicklungslehre Darwins wurden die Naturgesetze der Entwicklung und Auslese nun zu einem »Kampf ums Dasein« mit dem »Recht des Stärkeren« als Grundlage menschlichen Zusammenlebens. Die Versuche aufgeklärten Denkens, behinderte und schwächere Menschen gegenüber dem natürlichen Wettbewerb zu schützen, wurden verhöhnt, die gnadenlose Selektion und Züchtung verherrlicht und so die geistige Voraussetzung für den kommenden Völkermord gelegt.

Durch die sozialdarwinistische Ideologie erhielt der traditionell religiös motivierte Antisemitismus nun zusätzliche rassistische Pseudobegründungen. Während die rechten Ideologen im ausgehenden 19. Jahrhundert angesichts der dramatischen Umbrüche der industriellen Revolution Halt im germanischen Volkstum suchten, fanden sie im Juden den Sündenbock für alle Übel der Zeit. Die Entwurzelung vieler Menschen, die Proletarisierung und Säkularisierung der Gesellschaft – endlich hatte man einen Schuldigen. Je größer die Krisen und Verwerfungen, desto stärker duldeten Kaiser und Reichsregierung den Antisemitismus. Schließlich konnte damit das Bewußtsein der Deutschen gehoben, Nation und Volk geeint werden. Ähnlichkeiten zur heutigen Situation sind rein zufällig...

So nimmt es nicht nicht wunder, daß die Diskriminierung

der Juden in Deutschland zunahm. 1889 übenahmen die *Deutschen Burschenschaften* den sogenannten Arierparagraphen, der bereits die Satzungen der Verbindungen in Österreich prägte. Die Bünde der Jugendbewegung wiesen jüdische Bewerber ab. Dies galt auch für den *Alldeutschen Verband*, der um das Jahr 1903 etwa zwanzigtausend Mitglieder hatte und sich vornehmlich aus Akademikern zusammensetzte. Ethnisches, rassistisches und antisemitisches Denken kennzeichnen diese Bewegung, die Alfred Hugenberg, den späteren Verbündeten Hitlers, in ihren Reihen hatte.

In einer ähnlichen Tradition steht der *Germanenorden*, der sich bereits vor dem ersten Weltkrieg um die Schaffung einer »Völkischen Front« bemühte. Nach seiner Auflösung fanden sich viele der Mitglieder in der sogenannten *Thule-Gesellschaft* wieder. Sie verstand sich als antisemitische Loge zur Verhinderung einer angeblich existierenden jüdischen Weltverschwörung, die von vermeintlichen jüdischen Geheimbünden vorangetrieben würde. Ihr Symbol war das Hakenkreuz. Auch heute nennt sich eines der inzwischen zahlreichen rechtsradikalen Foren *Thule-Kreis*.

Nach Ende des Ersten Weltkrieges wurden die völkischen Kräfte in Deutschland noch stärker. Vaterland, Nation und Volk hatten einen Prestigeverlust erlitten. Deutschland war gedemütigt worden, hatte sich einem als ungerecht empfundenen Friedensdiktat zu unterwerfen, mußte die Stärke seiner Armee begrenzen und Reparationen zahlen. Verräter in den eigenen Reihen, vor allem Juden und Kommunisten, galten als Schuldige. Mit der Dolchstoßlegende und dem Haß auf die sogenannten November-Verbrecher, gemeint waren die Revolutionäre vom November 1918, schufen sie eine bis dahin beispiellose Geschichtsverzerrung, die heute ihre Entsprechung in der Relativierung der Verbrechen des Holocausts, der sogenannten Kriegsschuldlüge und der Leugnung von Auschwitz findet.

Verblendet von solchen Legenden, der kaiserlichen Ordnung beraubt, wirtschaftlichen Krisen ausgesetzt und die offenkundige Schwäche der Weimarer Institutionen vor Augen, radikalisierten sich große Teile des konservativen Lagers. Die auf preußische Tugenden, Recht, Ordnung und Status-quo-Denken orientierten standhaften Konservativen galten schon bald als »unpatriotisch«.

Beispielhaft für die Auseinandersetzung unterschiedlicher konservativer Flügel sind die beiden Mitglieder der *Deutsch-Nationalen-Volkspartei* (DNVP) Gottfried Traub und Paul Bang. Traub stand in der Tradition des protestantischen Wilhelminismus. Sein Antisemitismus war religiösbedingt, Pogrome gegen Juden lehnte er ab. Bang hingegen verkörperte das extrem völkische Element der Nationalkonservativen. Schwärmerisches Deutschtum und ungezügelter Antisemitismus kennzeichneten seine Überzeugung. Die Position Bangs dominierte die DNVP zunehmend. Bereits Mitte der zwanziger Jahre erklärte die Reichtagsfraktion den Willen, »ein Deutschland zu schaffen, frei von Judenherrschaft und Franzosenherrschaft, frei von parlamentarischem Klüngel und demokratischer Kapitalherrschaft«.

Die Grenzen zwischen Konservatismus, radikalem Nationalismus und der Nazibewegung verschwammen immer mehr. Die zahlreichen Kriegsveteranen sahen im völkischen Ideal von Blut- und Bodenliebe eine politische Identifikationschance. Damit konnten die Kriegsteilnahme heroisiert und der Verlust an Selbstwertgefühl durch die Niederlage Deutschlands begrenzt werden. Freikorps und Bünde, Burschenschaften und patriotische Klubs politisierten sich unter dem Eindruck der völkischen Parolen, die sich mit antiparlamentarischen und antiaufklärerischen Ideologiefetzen verbanden. Die völkisch-nationalistische Bewegung lehnte sich schon lange nicht mehr nur an Mythen und germanische Romantik an, sondern definierte sich im extremen Gegensatz zu ihren Feindbildern, den Juden, Linken, unpatriotischen Politikern und der bürgerlich-demokratischen Gesellschafts- und Staatsform.

Unmittelbar nach der deutschen Revolution formierte sich im Juni des Jahres 1919 der sogenannte *Juni-Klub* um den Vordenker der *Konservativen Revolution*, Arthur Moeller van den Bruck. Der Titel seines Buches »Das Dritte Reich« entfaltete eine »ungeheure mythische Kraft für die antidemokratische Massenbewegung« (Kurt Sontheimer). Moeller van den Bruck hat nicht nur unzählige Jungnationalisten der Weimarer Republik beeinflußt und der Nazi-Diktatur den Namen gegeben. Vielmehr ist er bis heute wirksam. Die *Junge Freiheit* appelliert an ihre Leser, Moeller van den Bruck ein »ehrendes Andenken zu bewahren« und durch Spenden den Erhalt seiner Grabstätte in Berlin-Lichterfelde zu ermöglichen.

Moeller verübte im Mai 1925 Selbstmord. Er und sein Kreis waren durch preußisch-obrigkeitsstaatliches Denken mehr geprägt als durch die als primitiv empfundenen Nationalsozialisten. Genau wie er setzen sich auch seine heutigen Jünger von rechtsextremen Ausschreitungen des »randalierenden Vorstadtpöbels« ab und meinen, die »Trommler« auf der Straße schon unter Kontrolle halten zu können. Aber damals wie heute verhöhnen die sogenannten »Konservativen« die Institutionen der Demokratie, propagieren völkisches und nationalistisches Ideengut und geben damit die

Rechtfertigungsmuster für die Gewalt der Nazis damals und der Brandbombenleger in Asylbewerberheimen heute.

Die heutigen *Konservativen Revolutionäre* sind indes schlimmer als Moeller van den Bruck und sein Kreis. Im Gegensatz zu ihm müssen sie nämlich aus der Geschichte gelernt haben, welche furchtbaren Folgen ihre Theorien nach sich ziehen können. Und wenn sie es in ihren intellektuellen Höhenflügen nicht selbst erkennen, so gibt es vielleicht einige ältere, die aus der Geschichte gelernt haben und den Mut aufbringen, sich ihnen entgegenzustellen? Mit Blick auf die Zeit zwischen 1929 und 1933 warnt Manès Sperber: »Wer das erlebt hat, hat kein Recht, die kostspieligsten Lehren der Geschichte zu vergessen. Wenn eine neue Generation glaubt, in den alten Irrtümern ihre eigene originelle Wahrheit zu entdecken, dann gilt es, ihr wie allen Zeitgenossen jene Erfahrungen in Erinnerung zu rufen. Und Lehrer, die aus Angst, sich der neuen Generation zu entfremden oder ihr zu mißfallen, davon Abstand nehmen, ihr diese Einsichten zu vermitteln, sind es nicht wert, daß die Erde sie trage.« (1977)

Neben Moeller van den Bruck gab es zahllose andere Publikationen, die in die gleiche Richtung wirkten. In seinem zweibändigen Werk »Der deutsche Mensch« verfocht Hermann Meyer 1925 die These, »daß auch unter den Völkern der Kampf um das Dasein ausgefochten werden muß«. Er rief zur Pflege des deutschen Volkstums und zur Wiederbelebung von Brauch- und Weistümern auf, propagierte die Kräftigung der biologischen Substanz des deutschen Volkes, wehrte sich gegen die Beschmutzung der deutschen Rasse durch jüdische Beimischungen und forderte gegen die »Überfremdung« eine Vermehrung der Deutschen durch gesteigerte Geburtentätigkeit«.

Edgar Jung plädierte in »Die Herrschaft der Minderwertigen« (1927) für einen ständigen Elitestaat, Hans Freyer schrieb über die »Revolution von rechts« (1931) und Hans Grimm publizierte den Bestseller »Volk ohne Raum« (1926). Auch der Kreis um Hans Zehrer und die Zeitschrift *Die Tat* gehörten zu dieser Gruppe antidemokratischer und völkischer Intellektueller.

Ohne diese völkisch-nationalistischen Strömungen, ihren deutschen Chauvinismus und Antisemitismus, ihren Mystizismus und Rassenwahn wäre Hitlers politische und ideologische Machtübernahme schwer vorstellbar.

Eigentlich müßte man annehmen, daß nach den Schrecken des Zweiten Weltkrieges und dem Grauen der Judenvernichtung gerade in Deutschland völkische Ideologie, Rassismus und Antisemitismus für alle Zeiten diskreditiert sein müßten. In der Tat hatte sich zunächst in der Bonner Republik eine bemerkenswerte Abkehr vom ethnozentrischen Denken durchgesetzt. Zwar hat es auch in der Bundesrepublik vor 1989 Reste von rassistischem und antisemitischem Ideengut gegeben. Dieses aber sah sich einer gesamtgesellschaftlichen Tabugrenze gegenüber, die nur selten überschritten wurde. So blieben solche Ideologiefetzen zumeist sektiererischen Außenseitern vorbehalten, vielleicht mit Ausnahme der Jahre 1968/69, als die rechtsradikale NPD im Gefolge von Rezession und Großer Koalition in mehrere Landtage einzog und fast den Sprung in den Bundestag geschafft hätte. Dennoch: Im ganzen hat die Bonner Republik in den vier Jahrzehnten beachtliche Aufnahme- und Integrationsleistungen vollbracht, lange Zeit schienen die Geister der Vergangenheit gebannt.

Seit Anfang der neunziger Jahre hat sich dieses positive Bild jedoch verändert. Fremdenfeindliche Gewalttaten, offen zutage tretender Rassismus, antisemitische Exzesse und mehr als zwei Dutzend ermordete ausländische Mitbürger – eine schreckliche Bilanz. Auch wenn wahr ist, daß wirtschaftliche Schwierigkeiten, Orientierungslosigkeit im Gefolge des historischen Umbruchs und – für die ehemaligen DDR-Bürger – auch mangelnde Erfahrung im Umgang mit fremden Nationen und Kulturen für entstandene Ängste und entflammte Aggressionen als mögliche Erklärungsmuster dienen können, so gibt es darüber hinaus auch tieferliegende Wirkungszusammenhänge. Es gibt heute wieder eine beachtliche völkische, rassistische und antisemitische Literatur, die Rechtfertigungen für die Gewaltaktionen zumeist jugendlicher Rechtsextremisten zur Verfügung stellt. Dabei spielen einmal mehr die Autoren und Chefdenker der neuen *Konservativen Revolution* eine zentrale Rolle.

Wie der Engländer Chamberlain im 19. Jahrhundert, so liefert heute der Franzose Alain de Benoît, ein Vertreter der »Neuen Rechten«, das ideologische Grundgerüst für neues völkisches und rassistisches Denken. Als Forum dabei dient ihm in Deutschland, wie könnte es anders sein, die *Junge Freiheit*. Benoît bekennt sich zur gegenseitigen Anerkennung aller Völker und Kulturen, zu ethnischer Pluralität, zur Wahrung der Verschiedenheit der Völker im Gegensatz zu ihrer Vermischung. Völker sind im Denken Benoîts wie Individuen. Sie sind einzigartige, in sich ruhende organische Einheiten, gründen auf einer unverwechselbaren Identität, die sich aus tiefen »kulturellen Wurzeln« speist. Früher sagte man einfach »Volksgeist« dazu.

Benoît geht es um eine »heterogene Welt homogener Völker«, um »Ethnopluralismus«. Voraussetzung für die Friedfertigkeit der Völker untereinander ist seiner Meinung nach die konsequente Abgrenzung, die Reinhaltung der ethnischen Gemeinschaft und des kulturellen Erbes von artfremden Einflüssen. Er hält es für natürlich, wenn sich die europäischen »ethnischen Kulturen« gegen den Versuch der Einebnung wehren und vor allem das eigene Volk sich gegen die Einwanderung aus fremden Kulturkreisen verteidigt. Dies sei keineswegs rassistisch, sondern diene sogar dem Fremden, der, aus dem Boden der eigenen Kultur gerissen, seine Identität ebenso verliere wie die angestammte Bevölkerung. Der Fremde wird als Individuum respektiert, in seiner ethnischen und kulturellen Eigenart geachtet – aber nur, wenn er zuhause bleibt.

Die zumeist jungen *Konservativen Revolutionäre* zeigen sich begeistert. Die Thesen von Benoît seien das Gegenteil von Rassismus, schließlich erkenne er die Verschiedenheit der Völker uneingeschränkt an. Rassisten seien vielmehr die sogenannten »Universalisten« wie Daniel Cohn-Bendit oder Heiner Geißler, die eine »Multi-Kulti«-Welt anstrebten, in der sich Völker und Rassen vermischten und dadurch ihre Erkennbarkeit verlören. Endlich hat man das Modell für einen zeitgemäßen Rassismus gefunden! Ja, die *Konservativen Revolutionäre* lieben alle Ausländer – sofern sie im Ausland leben!

Solche Denkmuster, die alte Volkstumsideologie in ein neues Gewand kleiden, erhalten – wie früher – politischen Flankenschutz durch einige Vertreter der Verhaltensforschung, die mit biologistischen Argumenten der Rassentrennung das Wort reden. Am 8. Mai 1993 veröffentlichte Irenäus Eibl-Eibesfeldt, ein Schüler von Konrad Lorenz, in der *Süddeutschen Zeitung* einen vielbeachteten Artikel unter der Überschrift »Der Brand in unserem Haus«. Darin wird die Abneigung gegen alles Fremde zu einer anthropologischen Konstante. Der Wissenschaftler vergleicht die Vielfalt der

58

Völker mit der artlichen Vielfalt im Tier- und Pflanzen-
reich: Individuen und Populationen konkurrieren miteinander um begrenzte Güter, und ihre Eignung wird an der
Fähigkeit gemessen, in eigenen Nachkommen zu überleben. Dieser Ausleseprozeß spielt sich bei den Menschen auf
zwei Beinen ab. Durch unterschiedliche Vermehrungsarten
kommt es in den sich abgrenzenden Populationen zu einer
Anreicherung bestimmter Erbanlagen, was die Eignung der
Gruppe in Konkurrenz mit anderen bestimmt. Hand in
Hand mit der Entwicklung der Vielfalt bilden sich nach
Eibl-Eibesfeldt die der Erhaltung dienenden »Mechanis-
men der Abgrenzung«. Diese sind in »angeborenen Pro-
grammen« vorgebildet, werden aber auch kulturell
gestützt und bekräftigt.
Fremdenscheu (Xenophobie) manifestiert sich nach der
Auffassung Eibl-Eibesfeldts daher bereits sehr früh in der
Kindesentwicklung aller Kulturen. Wegen dieses »Urmiß-
trauens« ist die Bereitschaft beim Menschen groß, ein
Negativbild vom Fremden aufzubauen. Wandern »Vertreter kulturferner Ethnien« in größerer Zahl ein, so führt dies
notgedrungen zu einem Konkurrenzverhältnis zur ortsan-
sässigen Bevölkerung, die dann dazu neigt, die Fremden als
Eindringlinge wahrzunehmen und »mit archaischen Ver-
haltensmustern der Territorialität und Xenophobie« zu
reagieren, die »in Krisensituationen leicht in Haß umschla-
gen«.
Zwar räumt der Lorenz-Schüler ein, daß der Mensch als
Kulturwesen in der Lage ist, die Fremdenangst »prinzipiell
kulturell zu beherrschen«. Man könne ihr erzieherisch entgegenwirken. Aber dann fährt er fort: »Durch die Aufnah-
me von Flüchtlingen hilft man sich ja nicht. Wir könnten
aus Afrika hundert Millionen Menschen aufnehmen und

aus Indien weitere hundert Millionen, und es würde sich dort nichts ändern, denn die Zahl der Menschen nimmt weiterhin explosiv zu. Wir würden nur das Problem in ein ohnehin übervölkertes Europa importieren, dessen Bevölkerung sich gar nicht mehr selbst aus dem Lande versorgen könnte.«

Mit Horrorvisionen von mehreren hundert Millionen Flüchtlingen, dem Hinweis auf die große Enge in Europa – früher hieß das: »Volk ohne Raum« – und dem Hinweis, daß wir dann selbst uns nicht mehr ernähren könnten, schürt Eibl-Eibesfeldt in Wahrheit Fremdenangst. Denjenigen, die sich dafür einsetzen, den Fremden menschlich zu begegnen, die Gründe ihrer Emigration aus politischer Verfolgung oder auch materieller Not nachzuvollziehen, wirft er »ausufernde Fremdenliebe« vor.

Es ist unbestreitbar richtig, daß ein großer und schneller Zustrom von Flüchtlingen Ängste und Spannungen in der einheimischen Bevölkerung hervorruft, zumal dann, wenn er in einer Situation erfolgt, in der es zuwenig Arbeit und zuwenig Wohnungen gibt. In der Tat können wir nicht einfach in überschäumendem Idealismus alle Tore öffnen und jeden zu uns lassen, der hier wohnen möchte. Bevor Flüchtlinge aufgenommen werden können, muß in der Bevölkerung für Akzeptanz geworben und die infrastrukturelle Voraussetzung für einen Zuzug geschaffen worden sein. Vielleicht treffen auch die von Eibl-Eibesfeldt aufgezeigten biologischen Zusammenhänge zu. Aber worauf sollte, zumal in Zeiten brutaler Gewalt gegen ausländische Mitbürger, das Schwergewicht eines verantwortlich denkenden Wissenschaftlers unserer Zeit liegen, der sich öffentlich zu diesen Fragen äußert? Hätte er nicht einen Artikel schreiben können, der nicht die »natürliche Fremdenangst« in den Mittelpunkt rückt, sondern die Fähigkeit, der Xenophobie erzieherisch entgegenzuwirken? Was den Menschen gerade vom Tier unterscheidet, ist doch die Fähigkeit, den barbarischen Urtrieben, den Instinkten und »alten Kultleidenschaften« entgegenzuwirken, sie zivilisatorisch zu fesseln und neben Vernunft auch so etwas wie Solidarität oder Nächstenliebe zu entwickeln.

Unsere Verfassung spricht von der Würde des Menschen, nicht von der Würde des Deutschen. Daß alle Menschen ungeachtet ihrer Hautfarbe und Herkunft den gleichen Wert haben, ist auch eine zentrale Botschaft des Evangeliums. Zusammen mit griechischer Philosophie, römischem Recht und humanistischem Denken hat es unsere Zivilisationsgeschichte im Abendland entscheidend geprägt. Darüber muß man heute sprechen, nicht aber sollte man diejenigen, die Verfolgten und Notleidenden Asyl gewähren wollen, pauschal als »Selbsthasser« bezeichnen.

Für die *Konservative Revolution* und die Rechtsradikalen ist Eibl-Eibesfeldt jedenfalls sofort zum Helden geworden. Überall, bis hin zur rechtsextremen Zeitschrift *Nation und Europa*, wird der Verhaltensforscher seitdem zustimmend zitiert, und Karlheinz Weißmann, einer der Köpfe der heutigen *Konservativen Revolution*, darf sogar in der *Welt am Sonntag* die Thesen Eibl-Eibesfeldts verteidigen und auf die angeblich »natürlichen Ursprünge« des Fremdenhasses hinweisen.

Vorbei die Zeiten, in denen ein weitgehender Konsens bestand, daß wir unser deutsches Selbstverständnis in erster Linie europäisch und verfassungspatriotisch definieren. Völkisches Denken ist auf dem Vormarsch. Es wird vermehrt über Gattungsmerkmale gesprochen und weniger über den Zusammenhalt von Nationen und Kulturen durch demokratische Grundwerte. Wo die Errungenschaften der Aufklärung wieder durch ethnologische Theorien vom Naturrecht des Stärkeren ersetzt werden, da ist es nicht mehr weit bis zu den »gnadenlosen Auslesegrundsätzen der freien Wildbahn«, von denen Hitler schwärmte. Wo Zuwendung zu Verfolgten und Armen als »falsche Humanität« und Schwäche diffamiert wird, winkt die nationalsozialistische Ideologie vom Herrenmenschen. Wenn Stammesdenken wieder an die erste Stelle rückt, drohen überall blutige Auseinandersetzungen nach dem schrecklichen Vorbild Jugoslawiens. Im Zeitalter der Massenemigration führt eine in erster Linie völkisch orientierte Identitätssuche von Menschen und Staaten fast unweigerlich zu Konzepten ethnischer Säuberung.

Es gilt, den Anfängen zu wehren. Man darf nicht einfach stillschweigend darüber hinweggehen, wenn Autoren in der *Jungen Freiheit* der Rassentrennung in Südafrika hinterherweinen und den »Reformkurs im ehemals geordneten Apartheid-Staat« bedauern. Man muß sich auch distanzieren von einem Artikel des Bundestagsabgeordneten Heinrich Lummer (CDU) im *Bonner General-Anzeiger* vom 25. August 1993 unter der Überschrift »Wer meint, Einwanderer seien billiger als Kinder, der irrt«. Herr Lummer spielt darin Zuwanderer und Kinder demagogisch gegeneinander aus. Fluchtursachen von Menschen sieht er im »Versagen« anderer Gesellschaften, eine Einschätzung, die die komplexen, etwa ökologischen Gründe für die heutige Wanderungsbewegung völlig verkennt. Da werden Menschen aus Asien und Afrika pauschal als »Heer von Habenichtsen und Analphabeten« bezeichnet und damit Vorurteile geschürt. Und schließlich beklagt Herr Lummer, daß nach den »Taten von Mölln und Solingen« (es waren Morde!) der innere Friede durch rivalisierende türkische Gruppen gefährdet worden sei. Hier werden Ursache und Wirkung verwechselt. Niemand wird die Straßenkämpfe der Türken für richtig halten. Aber die Bedrohung des inneren Friedens in Deutschland begann mit zahllosen rechtsradikalen Attentaten – von Tätern, die sich durch solche Aufsätze nur zu leicht bestätigt fühlen könnten.

Und wenn eine angesehene konservative Zeitung wie die *Welt am Sonntag* über Wochen eine Kampagne gegen angebliche »Ausländerkriminalität in Deutschland« führt, Straftaten von Ausländern hervorhebt, Rentner als Opfer vorführt und schlimmsten Emotionen in Leserbriefspalten Raum gibt – darf man sich dann wundern, wenn einfach gestrickte Geister gewaltsame Konsequenzen ziehen?

Es ist nicht zu bestreiten, daß zum Beispiel Asylbewerber prozentual mehr kriminelle Delikte begehen als deutsche Staatsbürger. Die Gründe dafür liegen aber nicht – wie das Schlagwort suggeriert – in ihrer Herkunft bedingt, sondern in ihrer sozialen Situation. Es ist eine Tatsache, daß die hier seit längerer Zeit bei uns lebenden ausländischen Mitbürger genauso wenig oder noch weniger Straftaten begehen wie Deutsche. Aber das stört die *WamS*-Autoren, von der *Jungen Freiheit* für die Rechtswendung gelobt, offenbar nicht. Alles wird in einen Topf geworfen und unter dieser Überschrift subsumiert: »Was die Ausländerkriminalität uns Deutsche kostet«. Axel Springer hätte das nicht gern gelesen. Er war ein echter Konservativer, kein völkischer Ideologe, der in schwierigen Zeiten gegen andere Kulturen und Nationen Stimmung macht. Nicht Ausländerkriminalität, sondern die Kriminalität allgemein hätte ihn beunruhigt. Und nicht zuletzt die Kriminalität gegen Ausländer: In den letzten sechs Jahren stiegen Gewaltakte gegen Ausländer von 250 auf 6 366 Straftaten pro anno!

Was soll man davon halten, wenn der ehemalige bayerische Umweltminister Peter Gauweiler in der »freiheitlich-konservativen« Schrift *Epoche* einen Aufsatz zur Frage »Wie viele Kulturen vertragen unsere Städte?« veröffentlicht und darin von einem »Siedlungsbrei« in Deutschland spricht? Wenn er befürchtet, daß Zuwanderung zum »Verlust von Heimat« führen werde? Herr Gauweiler zitiert als Kronzeugen den erwähnten Irenäus Eibl-Eibesfeldt und Konrad Lorenz. Nun ist Peter Gauweiler sicher gegen rechtsextreme Gewalttaten. Das gilt natürlich auch für Heinrich Lummer und die Autoren der erwähnten *WamS*-Kampagne. Aber tragen sie durch ihre Einlassungen nicht dazu bei, ungewollt ein Klima zu erzeugen, in dem sich jugendliche Gewalttäter als Avantgarde fühlen können?

Es wäre indes ein großes Mißverständnis, unverantwortliche Stimmen nur im Unionslager aufspüren zu wollen. Daß die Wiedergeburt völkisch-nationalen Denkens auch auf der Linken geschieht, zeigt ein Aufsatz von Karl Otto Hondrich Ende Januar 1994 in der *Zeit*. Hondrich, bisher ein eher am linken Flügel der Sozialdemokratie beheimateter Soziologe, sieht die Ursachen für die Gewalt gegen Ausländer vor allem in der Verletzung einer in Jahrhunderten gewachsenen »ethnisch-monokulturellen Identität«. Weder Strafen noch moralische Appelle könnten daran etwas ändern. Wie es schon bei Herrn Eibl-Eibesfeldt anklang: Nicht die Rechtsradikalen tragen die Schuld an den gewaltsamen Ausschreitungen gegen Ausländer, sondern die Befürworter eines multikulturellen Zusammenlebens, die die Grenzen der offenen Gesellschaft nicht anerkennen wollen.

Schon lange vor diesen Thesen hatte der Bremer Bürger-

meister Klaus Wedemeier die Asylthematik als erster Spit-
zenpolitiker in den Landtagswahlkampf gezogen. Im
August 1991 ließ er verfassungswidrig Sinti und Roma an
den Bremer Stadtgrenzen aufhalten und erklärte den Asyl-
unterbringungsnotstand (während er gleichzeitig eine
öffentliche Luxustoilette mit Kupferdach im Wert von fast
einer Million DM einweihte). Wedemeier machte damit die
Asylsituation zu einem bundesweiten Kampfthema, die
Hemmschwellen waren plötzlich niedergerissen.

Noch im Juni 1991 hatten nur 9 Prozent der Baden-Würt-
temberger das Thema Asyl für wichtig gehalten. Nach einer
reißerischen *Bild*-Kampagne gegen die »Scheinasylanten-
flut«, zwei entsprechenden *Spiegel*-Titeln und der Wede-
meier-Aktion entdeckte plötzlich alle Welt ein riesiges
»Asylproblem«. Zwischen *Welt am Sonntag*-Überschriften
wie »Asylanten schmücken Christbaum mit Hundert-
Mark-Scheinen« und diversen *FAZ*-Leitartikeln über »ver-
ständliche Bedrohtheitsgefühle der Deutschen« erläuterte
dann Friedhelm Farthmann, der SPD-Fraktionsvorsitzende
im Düsseldorfer Landtag, sein Konzept zur Lösung des
Asylproblems: »An Kopf und Kragen packen und raus
damit.« – Das war seine Version von »Ausländer raus«.

Gefeiert wurde solch »selten klare Politikersprache« dann
in den Leserbriefspalten mancher Zeitungen. Selbst seriöse
Blätter gaben nun rechtsradikalen Dauerschreibern Foren,
der »gesunde Menschenverstand« durfte sich austoben
und den »Volkszorn« zeigen – schließlich haben wir Mei-
nungsfreiheit ...

Am 17. September 1991 begannen dann die Ausschreitungen in Hoyerswerda, die Zahl der Brand- und Mordan-
schläge stieg drastisch an. Im letzten Vierteljahr des Jahres
1991 waren sie um ein Vielfaches höher als in den neun

Monaten zuvor. Heiner Geißler hat recht, wenn er sagt: »Für das Klima in einem Land, auch Ausländern und Asylbewerbern gegenüber, sind eben nicht in erster Linie die Ausländer und Asylbewerber selber, sondern diejenigen verantwortlich, die über die Macht der Entscheidung und die Macht des Wortes verfügen.«

Das hätte auch der Hamburger Bürgermeister Henning Voscherau (SPD) beherzigen sollen, bevor er im Dezember 1993 in *Bild* den Vorschlag einer »Zuzugssperre« für Ausländer unterbreitete, um besonders »gefährdete Stadtteile« mit hohem Ausländeranteil vor »ungesteuertem Zuzug« zu schützen.

Die Ausländerbeauftragte des Berliner Senats, Barbara John (CDU), kritisierte den Voscherau-Vorstoß als »puren Populismus«. Die Erfahrungen an der Spree hätten erwiesen, daß Zuzugssperren die Probleme von Stadtteilen mit hohem Ausländeranteil in der Praxis nicht lösen können. Voscherau, von der *Zeit* kritisiert (»verbaler Brandsatz«), von den Neonazis gelobt, entschuldigte sich wenig später in der Hamburger Bürgerschaft.

Die rechtsextremistischen Gewalttaten haben mehrere Ursachen. Sie haben viel mit gesamtgesellschaftlichen Auflösungsprozessen, Orientierungs- und Arbeitslosigkeit sowie Medieneinflüssen zu tun. Auch die linksextremistische Gewalt und der Terrorismus der siebziger Jahre hatte viele, zum Teil tiefliegende Ursachen. Aber heute wie damals gilt: Wenn sich Rechtfertigungstheorien gesellschaftlich Bahn brechen, dann entfallen die Hemmschwellen, dann wird Fremdenfeindlichkeit normal, dann entsteht das explosive Gemisch, von dem Jürgen Busche in der *Süddeutschen Zeitung* (1992) spricht: »Die Gesinnung, die sich mit rotzigen und pampigen Worten etwa gegen Projekte multikulturellen Zusammenlebens ausdrückte, durfte sich länger schon im politischen Gespräch etabliert wähnen. Wer in primitiven Verhältnissen sich Anschläge gegen ausländische Mitbürgern ersann, konnte dies in dem Gefühl tun, er plane nur, was andere sich wünschten. Die Justiz muß solchen Irrtum unter dem Aspekt der Schuld des einzelnen Täters untersuchen. Die Politik muß fragen, wie solcher Irrtum in den alles andere als selbständigen Köpfen entstehen kann.«

Vor dem Hintergrund solcher Erkenntnisse habe ich es als notwendig erachtet, dem sächsischen Justizminister Steffen Heitmann im Oktober 1993 zu widersprechen, als er wiederholt den Begriff »Überfremdungsängste« benutzte und sie damit verstärkte – anstatt ihnen entgegenzuwirken.

Welche Botschaft bleibt, wenn Herr Heitmann von einem »Zustrom von Asylanten« spricht, der »zu uns hinüberschwappt« und den er dann explizit für die Wohnungsprobleme in Dresden verantwortlich macht? Mit dem Begriff der »Überfremdung«, dem »Unwort« des Jahres 1993, ist schon viel Unheil angerichtet worden. Es ist Herrn Heitmann zugute zu halten, daß er sich später von diesem Begriff distanziert hat, genauso wie sich der bayerische Ministerpräsident Edmund Stoiber für das Wort von der »durchraßten Gesellschaft« entschuldigte.

Aber wieso konnten solche Bemerkungen überhaupt gemacht werden? Wieso kündigt die CSU im Januar 1994 trotz aller vorangegangenen Diskussionen erneut an, »Überfremdungsängste« der Bürger zum Wahlkampfthema zu machen? Wollen wir die Ängste schüren, um daraus kurzfristig politisches Kapital zu schlagen? Könnte sich das nicht als riskantes Spiel mit dem Feuer erweisen? Ist es nicht vielleicht besser, das sogenannte »Ausländerproblem«

nüchtern zu behandeln, die konkreten Schwierigkeiten vor Ort anzugehen und die ja eindeutig festzustellenden Erfolge der Asylrechtsänderung des Jahres 1993 in den Vordergrund zu rücken?

Über alle Parteigrenzen hinweg müssen die politisch Verantwortlichen Sorge tragen, daß das Gefühl für die Würde eines jeden Menschen, auch die eines jeden Asylbewerbers, nicht verlorengeht. Das bedeutet nicht, daß jeder, der will, zu uns kommen kann. Aber es bedeutet, daß die Organe des Staates und die Mehrheit der Bürger auf unmißverständliche Weise immer wieder verdeutlichen, daß sie keine Sympathie, auch keine klammheimliche, mit Brandstiftern und Mördern haben. Das kann zum Beispiel mit harten und schnellen Verurteilungen erreicht werden. Der Staat darf nicht noch einmal untätig bleiben, wenn uniformierte Rechtsextremisten Demonstrationen mit Nazi-Symbolen und Hitlergruß durchführen – wie am 14. August 1993 in Fulda anläßlich des sechsten Todestags des Hitler-Stellvertreters Rudolf Heß.

Unerträglich ist es, wenn der Hamburger Innensenator auf die Absetzung eines auf den 20. April 1994 festgelegten Fußball-Länderspiels drängt, da er am Geburtstag Hitlers nicht für die Sicherheit garantieren kann. Muß man in Zukunft bei der Terminierung von Veranstaltungen immer einen Kalender mit den Geburtsdaten von NS-Führern dabeihaben? Darf man zum Beispiel noch eine Schwimm-Meisterschaft im Mai ausrichten oder kollidiert das mit den Gedenkfeiern der Neonazis zum Todestag von Himmler? Dürfen zukünftig Theaterpremieren oder Messeeröffnungen am 30. Januar stattfinden oder muß man Störungen wegen des »Tages der Machtergreifung« befürchten?

Der Staat muß sich als handelnder, entschlossener und

wehrhafter Staat zeigen, ähnlich wie in den siebziger Jahren bei der Bekämpfung der RAF-Terroristen. Es wirkt fast schon zynisch, wenn die nordrhein-westfälische Landesregierung im Angesicht rechter Gewalt die ausländischen Mitbürger mahnt, Fenster und Türen zu schließen und den Feuerlöscher griffbereit zu halten. Man muß sich fast freuen, daß NRW-Innenminister Schnoor (SPD) noch keine »Helmpflicht für Ausländer« eingeführt hat...

Wir dürfen die Nation heute nicht mehr völkisch, sondern müssen sie republikanisch verstehen, wie die anderen Staaten des Westens auch. Schon im Grundgesetz kommt die universale Ethik zum Ausdruck, auf der ein moderner, freiheitlicher Verfassungsstaat beruhen muß, wenn er nicht Gefahr laufen will, eines Tages blutige ethnische Auseinandersetzungen auf seinem Gebiet zu erleben. Da heißt es: »Niemand darf wegen seiner Rasse, seiner Sprache, seiner Heimat und Herkunft, seines Glaubens, seiner religiösen oder politischen Anschauungen benachteiligt werden.«

Wir müssen Abschied nehmen vom völkischen Wahn (Dieter Oberndörfer). Der Glaube an eine ethnisch bestimmte »Volksgemeinschaft« hat im republikanischen Verfassungsstaat nichts zu suchen. Die Nation ist nicht eine durch Blut bestimmte Abstammungsgemeinschaft, sondern gründet auf einer von mündigen Staatsbürgern gewollten freiheitlichen Ordnung. Nationalbewußtsein, ja auch Stolz auf die eigene Nation kann nicht mehr nach dem Motto »right or wrong – my country« erfolgen. Die Nation ist kein Ziel an sich, bestimmt kein »Grundwert«. Vielmehr gewinnt sie nach den furchtbaren Erfahrungen dieses Jahrhunderts erst wieder in Verbindung mit Freiheit, Gleichheit und Brüderlichkeit Sinn und Gehalt.

Ein republikanisches Verständnis des Nationenbegriffs

erfordert die Überprüfung des Staatsbürgerrechts in Deutschland. Es ist bis heute in erster Linie auf ethnische Abstammung aufgebaut (Ius sanguinis), nicht aber an die Anwesenheit in und das Bekenntnis zu dem Verfassungs- staat Bundesrepublik Deutschland gekoppelt (Ius soli). Während jedes auf dem Boden Frankreichs geborene Kind bei Geburt Franzose oder Französin ist, wenn die Eltern, gleich welcher Nationalität, es beantragen, verfügt Deutschland über die restriktivste Einbürgerungs-Gesetz- gebung in Europa. Würden in Deutschland die Regeln des französischen Staatsbürgerrechtes gelten, so müßten etwa 850 000 hier geborene ausländische Jugendliche automa- tisch zu Deutschen werden, womit der Anteil der ausländi- schen Bevölkerung um mehr als 15 Prozent sinken würde. Würde man in der Bundesrepublik das französische und schwedische Einbürgerungsverfahren einführen, so hätten mehr als 70 Prozent der Ausländer, fast 4 Millionen, sofort das Recht auf einen deutschen Paß. Nicht nur im Rechtsbe- wußtsein, sondern auch in der gesellschaftlichen Einschät- zung bleibt in Deutschland ein »fremd« aussehender Mann oder eine Frau mit einem ausländischen Namen immer »Ausländer/in«, auch wenn er oder sie sich seit der Geburt bei uns aufhält und ihm oder ihr nach einem Hürdenlauf die deutsche Staatsangehörigkeit »großzügig gewährt« wird. Das müssen wir ändern – im Interesse des inneren Friedens in Deutschland.

Noch wichtiger als das konsequente Einschreiten gegen solche Manifestationen ist allerdings die geistige Austrock- nung des rechten Sumpfes. Es geht um eine offensive Aus- einandersetzung mit heimlichen Sympathisanten und Weg- bereitern der rechten Gewalt, die immer wieder von »ver- ständlichen Motiven« angesichts der »Asylantenschwemme« sprechen oder angeblich »angeborene Ängste« zu Rechtfertigungsgründen erklären. Bestehenden Vorbehalten und Vorurteilen muß durch Aufklärung und Auseinandersetzung entgegengewirkt werden, nicht durch Verständnis und Verharmlosung. Es muß klar sein, daß die Totschläger der radikalen Rechten weniger mit »uns« gemein haben als Angehörige fremder Kulturen, die sich friedfertig verhalten. Sind nicht die Brandstifter von Hoyerswerda, Rostock, Mölln und Solingen fremder als die fremdesten Fremden?

Wir müssen der Versuchung widerstehen, populistischen Neigungen nachzugeben und ausländische Mitbürger zu Sündenböcken für unsere alltäglichen Probleme, beruflichen Statusverluste oder politischen Fehler zu machen. Asylbewerber dürfen nicht in die Rolle gedrängt werden, die seit den zwanziger Jahren in immer stärkerem Maße den Juden zugewiesen wurde, nämlich in die Rolle der Schuldigen für alle Schwierigkeiten, auf die jeder ungestraft schimpfen und herabsehen durfte.

Neben offener und versteckter, bewußter und unbewußter Ausländerfeindlichkeit gibt es freilich nach wie vor auch handfesten Antisemitismus in Deutschland. Im Jahr 1992 wurden mehr Schändungen jüdischer Gräber gezählt als in der Zeit zwischen 1926 und 1931, obwohl der Anteil der Juden in Deutschland – zumal in den neuen Bundesländern – nun wahrlich so gering ist, daß selbst Herr Eibl-Eibesfeldt wohl Schwierigkeiten hätte, natürliche Überfremdungsängste zu konstatieren. Es gibt in Deutschland heute nur noch rund 40 000 Juden. Trotz dieser geringen Zahl hat sich die antisemitische Haltung in Deutschland in den letzten Jahrzehnten nicht verringert, der Vorsitzende des Zentralrates der Juden in Deutschland, Ignatz Bubis, spricht von circa 30 Prozent antisemitisch eingestellten Menschen. Im Januar 1992 vertraten im Rahmen einer *Emnid*-Umfrage sogar 32 Prozent der Deutschen die Meinung, daß die Juden mitschuldig seien, »wenn sie gehaßt und verfolgt werden«.

Oft geht der Antisemitismus auch einfach auf Nichtwissen, auf mangelnde Aufklärung oder Ignoranz zurück – wie bei einem Kommunalpolitiker, der im November 1992 Ignatz Bubis anläßlich eines Rostock-Besuches fragte: »Sie sind deutscher Staatsbürger jüdischen Glaubens. Ihre Heimat ist Israel. Ist das richtig so? Wie beurteilen Sie die täglichen Gewalttaten zwischen Palästinensern und Israelis?« – Bubis fragte daraufhin zurück: »Sie wollen mit anderen Worten wissen, was ich hier eigentlich zu suchen habe?« – Jude zu sein sei eine Glaubensfrage, kein nationaler Prägestempel. Und dann verwies Bubis auf die Vergangenheit: »Daß es heute kein deutsches Judentum mehr gibt, hängt mit diesen Fragen zusammen. Albert Einstein hat den Nobelpreis als Deutscher erhalten, aber er hat Deutschland verlassen müssen, weil er Jude war. Ihre Fragen liegen auf der gleichen Ebene ...«

Dolchstoßlegende und Auschwitzlüge

Der völkische Glaube an die besonderen Fähigkeiten, die schöpferische Kraft und den heldenhaften Charakter »des deutschen Menschen« vertrug sich schlecht mit der Niederlage des Reiches im Ersten Weltkrieg. Langgepflegte Siegeshoffnungen und Weltmachtträume zerstoben. Trotzdem aber waren die Deutschen nicht bereit, sich mit der obrigkeitsstaatlichen und militaristischen Vergangenheit auseinanderzusetzen, die Heinrich Mann in seinem Roman »Der Untertan« so unvergleichlich dargestellt hat und die letztlich das Volk in die Katastrophe führte. Man weigerte sich auch beharrlich, den größenwahnsinnigen Imperialismus Wilhelms II. und die Durchhaltepolitik Hindenburgs und Ludendorffs für den Tod von Millionen von Menschen verantwortlich zu machen. In der Weimarer Republik setzte sich in immer stärkerem Maße der Glaube durch, daß das Heer »im Felde unbesiegt« geblieben sei. Nicht die Selbstüberschätzung der Führung, sondern ein »Dolchstoß« sogenannter »November-Verbrecher« in den Rücken der tapfer kämpfenden Armee habe zur Niederlage geführt.
In der ersten Novemberwoche des Jahres 1918 hatte eine Meuterei von Matrosen ganz Deutschland erschüttert. Innerhalb weniger Tage erhoben sich das gesamte Heimatheer, die städtische Arbeiterschaft und sogar Teile der

Landbevölkerung gegen den sinnlosen Krieg, die herrschende Klasse und den abgewirtschafteten Kaiser. Am 9. November 1918 mußte Wilhelm II. abdanken. Der Sozialdemokrat Philipp Scheidemann rief die Republik aus. Ein spontaner Aufstand der Massen, eine wahrhaftige Revolution forderte ein neues, demokratisches Deutschland.

Aber obwohl sie von Millionen von Menschen durchgeführt und getragen wurde, gelang es der national-konservativen, nationalistischen und monarchistischen Propaganda schon bald, die Umwälzung als eine Art Putsch der linkssozialistischen Spartakus-Gruppe um Rosa Luxemburg hinzustellen. Aus einer Revolution demokratischer Massen wurde eine hinterhältige Verschwörung kommunistischer November-Verbrecher.

Die SPD-Führung, vor allem Friedrich Ebert und Gustav Noske, scheuten den lauter werdenden Vorwurf des Vaterlandsverrates. Sie hatten den Krieg des Kaiserreiches loyal mitgetragen und fürchteten eine Umwälzung mit rätedemokratischen Experimenten. So warf die Führung der SPD mit Hilfe der Reichswehr die unblutige Revolution blutig nieder. Sebastian Haffner hat das wie folgt ausgedrückt: »Die sozialdemokratische Revolution wurde erstickt; aber nicht von Prinzen und Monarchen, vielmehr von ihren eigenen Führern, die sie vertrauensvoll an die Macht getragen hatte. Sie ist mit äußerster, rücksichtsloser Gewalt niedergeschlagen worden; von hinten, durch Verrat.«

Wenn es einen Dolchstoß gab, dann gegen die Revolutionäre von 1918. Doch schon bald sahen diese sich des Verrats bezichtigt und für die Niederlage des Reiches verantwortlich gemacht. Die Weimarer Parteien und schließlich die große Mehrheit des Volkes ließen sich von der Legende des Dolchstoßes in die Irre führen. Mit ihr konnte man an der Idee deutscher Größe und Unbesiegbarkeit festhalten und ein ruhiges Gewissen behalten. Die Hochstimmung zu Kriegsbeginn hatte also nicht auf einer Täuschung beruht, ebensowenig die Siegesgewißheit während der folgenden Jahre. Alle Opfer, selbst den Tod unzähliger Söhne, konnte man mit der Dolchstoßlegende rechtfertigen. Schließlich präsentierte sie der erschöpften und verarmten Nation einen idealen Sündenbock, den man für alle Kalamitäten verantwortlich machen konnte.

Neben die Dolchstoßlegende trat schon bald der Kampf gegen die sogenannte »Kriegsschuldlüge« der Siegermächte. Im Friedensvertrag von Versailles sah man eine der deutschen Seite aufgezwungene Anerkennung der Alleinschuld am Weltkrieg. Es sei eine Frage der »deutschen Ehre«, die »Kriegsschuldartikel« nicht hinzunehmen und die »Demütigung« des deutschen Volkes durch erzwungene Gebietsabtretungen und Reparationen rückgängig zu machen. Tatsächlich zielte die Haltung des Auswärtigen Amtes in der Wilhelmstraße von Anfang an auf eine »Totalrevision« der Vereinbarungen von Versailles.

Auch die liberalen Parteien der Weimarer Koalition, selbst die Sozialdemokratie trugen die in den Folgejahren einsetzende deutsche Revisionsbewegung mit. Man wollte das Thema nicht der nationalistischen Rechten überlassen und versuchte nicht selten sogar, sich an die Spitze der Unschuldskampagne zu stellen. So begrüßte der linksliberale Historiker Wilhelm Mommsen die »Einheitsfront gegen Versailles«. Sie führe zu einem Kennenlernen der verschiedenen politischen Gruppierungen und der Entstehung des Bewußtseins, »daß es trotz aller Gegensätze ein Volk ist, dem alle politischen Richtungen dienen«.

Die Parteien der Mitte hofften, mit dem Aufbau einer breiten Volksopposition gegen das »Versailler Diktat« eine emotionale Klammer gefunden zu haben, »welche die vielfältig zerrissene Nation ungeachtet aller sozialen Differenzen und politischen Widersprüche zusammenband« (Ulrich Heinemann).

Viel mehr war es auch nicht, was die politischen Kräfte in Weimar verband. Und auch diese Gemeinsamkeit wurde brüchig, als die nationalistische Bewegung und ihre intellektuelle Speerspitze, die *Konservative Revolution*, die Chance entdeckte, der jungen Republik mit der Legende vom Dolchstoß den Todesstoß zu geben. Die Rechte warf den gemäßigten Parteien vor, politische Opposition gegen den Friedensvertrag nur zu heucheln. Das zeige schon die fehlende Bereitschaft der Regierung, die Unterschrift unter das »Diktat« schlichtweg für nichtig zu erklären. Glaubwürdig könnten nur diejenigen sein, die mit Dolchstoß und Kriegsschuldlüge gleichzeitig auch die Demokratie verdammen würden. In Wahrheit sei nämlich die ganze Weimarer Republik auf dem Verrat der November-Verbrecher und einem Diktat der Sieger aufgebaut. So argumentierte zum Beispiel Arthur Moeller van den Bruck.

Oswald Spengler forderte »den trennenden Strich zwischen dem deutschen Volk und den Anstiftern und Nutznießern des Zusammenbruchs«. Rücksichtslos müsse man das »Geschwür am deutschen Körper« aufsuchen, um eine lange, schleichende Krankheit zu heilen. Genossenschaften und Gruppen mit einem organisierten Anhang und einer zielbewußten Methode hätten das Reich bekrittelt, gelähmt und unterwühlt. Im größten aller Kriege sei den Deutschen das »Soldatenglück« versagt geblieben. Dank der Energie, Arbeitskraft und Organisationsgabe des deutschen Volkes habe man vier Jahre gekämpft wie kein Volk zuvor, aber Verräter hätten in »Beschränktheit und Selbstsucht« das Staatsschiff angebohrt, um einem Regierungsideal nach ihrem Geschmack die freie Bahn zu brechen.

Der Kampf gegen den Friedensvertrag entwickelte eine Eigendynamik, geriet den Parteien der Mitte aus der Hand und diente den rechtsradikalen Verbänden zur Verunglimpfung der Demokratie und der sie tragenden Parteien. Die Erfüllungspolitik der »Judenrepublik« sei an allem Übel schuld. So konnte die nationalsozialistische Bewegung auf der jahrelangen Revisionspolitik der Weimarer Republik aufbauen und sie schließlich gegen die junge Demokratie wenden.

Große Teile des Bürgertums und der Intellektuellen gingen Hitler auf den Leim, indem sie den deutsch-nationalen Mythen über Kriegsausbruch und Kriegsniederlage unkritisch Glauben schenkten. Anstatt sich mit der deutschen Vergangenheit selbstkritisch auseinanderzusetzen, den wahren Gründen der Niederlage nachzuspüren und die Frage nach der eigenen Mitschuld zu stellen, entschied man sich lieber für die Verdrängung des Erlebten und die Beschönigung des Gewesenen.

Ohne Zweifel war der Vertrag von Versailles alles andere als ein Glanzstück von Politik und Diplomatie. Seine Bestimmungen zielten nicht auf Befriedung, sondern in erster Linie auf Bestrafung. Dennoch ist nicht er, sondern vor allem die größenwahnsinnige »Mit-Volldampf-voraus«-Politik des Kaiserreiches für die Situation verantwortlich zu machen, in der sich Deutschland in den zwanziger Jahren befand. Weder der reale Vertrag von Versailles, noch der unterstellte Verrat der Revolution hat das demokratische Deutschland von Beginn an geschwächt, sondern die

Agitation von Nationalisten und *Konservativen Revolutionären*, die alle Versuche einer Versöhnung nach innen und außen von vornherein im Keim erstickte.

Auch in der ausgehenden Bonner Republik spielt der Geschichtsrevisionismus wieder eine wichtige Rolle. In Weimar kämpfte die *Konservative Revolution* gegen die Kriegsschuldlüge, heute verbreitet sie die Auschwitzlüge, das heißt, sie relativiert den Völkermord der Nazis, bestreitet die Einzigartigkeit der systematischen Menschenvernichtung bis hin zur Leugnung der Tatsache, daß es Gaskammern in Konzentrationslagern gab. Die neuen Legenden und Lügen werden mit unterschiedlicher Radikalität vorgetragen. Ähnlich wie sich die Neue Rechte zur Begründung ihrer völkischen Ideologie der Thesen geeigneter Verhaltensforscher bedient, so nutzt sie zur pseudowissenschaftlichen Untermauerung ihrer Geschichtsverharmlosung einige Historiker, die sich willfährig oder naiv als nützliche Idioten zur Verfügung stellen. Was noch vor wenigen Jahren als abstruse Auffassungen einer unverbesserlichen »lunatic fringe« vorbehalten war, wird jetzt als historische Theorie auf einmal salonfähig: die Leugnung oder zumindest Relativierung der Verbrechen Hitlers.

Die Umwertung der Geschichte begann am 6. Juni 1986 mit einem Artikel des Historikers Ernst Nolte in der *Frankfurter Allgemeinen Zeitung*, der den sogenannten Historikerstreit auslöste, der als die wichtigste geistige Auseinandersetzung im Deutschland der achtziger Jahre angesehen werden muß.

»Vollbrachten die Nationalsozialisten eine ›asiatische‹ Tat vielleicht nur deshalb, weil sie sich und ihresgleichen als potentielle oder wirkliche Opfer einer ›asiatischen‹ Tat betrachteten? War der ›Archipel Gulag‹ ursprünglicher als

Auschwitz?« fragte Nolte damals. Hitler, so der Kern seiner These, habe lediglich auf den Bolschewismus reagiert.

Herr Nolte ist in den letzten Jahren noch deutlicher geworden, zuletzt in seinem 1993 erschienenen Buch »Streitpunkte«: Erst die »Vernichtungsfurcht« habe bei Hitler zum »Vernichtungswillen« geführt. Gegenüber dem Ziel der kommunistischen Weltrevolution »muß« deshalb der Nationalsozialismus in erster Linie als Reaktion auf die Bedrohung aus dem Osten verstanden werden. Mit einem »gewissen historischen Recht« habe sich Hitler dem Sowjetsystem« mit großer, wenn auch vermutlich (!) weit überschießender Energie widersetzt«.

Wir müssen Hitler offenbar dankbar sein! Wenn er auch vielleicht ein bißchen zu eifrig war, so hat uns alle doch vor dem stalinistischen Terror bewahrt. Sollen wir schon damit beginnen, zukünftige Denkmäler für den Führer zu konzipieren? Wann erscheint die erste Telefonkarte mit dem Kopf des »Retters«?

Das ist, folgen wir Ernst Nolte, keine Übertreibung. Er hält den Angriffskrieg Hitlers gegen Rußland in Wirklichkeit für einen »Präventivkrieg«. Der Nationalsozialismus könne gar nicht »das absolut Böse« sein, da er sich dem gefährlichen bolschewistischen Irrglauben entgegengestellt habe. Wer nicht dauerhaft ein grob verzerrtes Bild vom 20. Jahrhundert behalten wolle, müsse die Untaten des Nationalsozialismus als »Gegenbilder zu den Untaten des Bolschewismus« verstehen und die »Größe« und »Tragik« des Nationalsozialismus als »späte und angestrengte Gegenzüge« zur Strategie der Weltrevolution betrachten.

Daß diese aufopferungsvolle Verteidigung sich dann vor allem gegen Juden richtete, selbst dafür liefert Herr Nolte in aller Offenheit die Erklärung: Das liege an der »inneren Affinität« zwischen »Judentum« und »bolschewistischen Ideen«.

Die Thesen Ernst Noltes laufen allen Ergebnissen seriöser Geschichtsforschung seit 1945 zuwider. Er leugnet die nationalistischen, völkischen, rassistischen, antisemitischen, mystischen, antiaufklärerischen und antidemokratischen Tendenzen und Strömungen, die bereits im 19. Jahrhundert in Deutschland wirksam waren und zusammen die nationalsozialistische Weltanschauung ausmachen. Die Kernpunkte des ideologischen Gedankensystems Hitlers bilden Antisemitismus, Sozialdarwinismus und ein radikaler Nationalismus. »Nichts hatten diese Elemente Hitlers und des Nationalsozialismus ›ursprünglich‹ mit dem Bolschewismus zu tun, wiewohl sie später gegen ihn mobilisiert werden konnten« (Hans-Ulrich Wehler).

Aber damit nicht genug. Das geschichtsphilosophische Denken Ernst Noltes scheint sich zu radikalisieren. Hatte er schon seit einigen Jahren den Versuch unternommen, den Naziterror durch Vergleiche mit anderen Ausrottungsaktionen zu relativieren, so geht sein neues Buch deutlich darüber hinaus. Ein ganzes Kapitel widmet er den Thesen radikaler Revisionisten. Diese bestreiten, wie beispielsweise der Brite David Irving, die Existenz von Gaskammern in Konzentrationslagern und konnten bisher in der seriösen Wissenschaft für ihre bizarren, politisch motivierten Thesen keine Resonanz finden. Das will Herr Nolte ändern. In einem Interview mit der *Jungen Freiheit* erklärt er dazu, daß es ihm wichtig sei, »den Normalgang der Wissenschaft auch in heiklen Punkten herbeizuführen«.

Die *Konservativen Revolutionäre*, vor allem aber auch die vereinigten Neo-Nazis, brachen daraufhin in Jubel aus und

80

hoben den Berliner Historiker auf den Schild. Armin Mohler sprach begeistert von »einer neuen Stufe der Historisierung« und lobte die »sachliche Darstellung« der Revisionisten, deren Werke aufgrund des Gesetzes gegen das Leugnen und Billigen des nationalsozialistischen Völkermordes in Deutschland nicht vertrieben werden dürfen.

Was Irving nicht darf, erledigt nun Nolte. Er verbreitet nun die Auschwitz-Lüge auf seine Weise, indem er sie »ohne Vorurteile« darstellt und sich »wissenschaftlich« mit den Thesen der Radikalrevisionisten auseinandersetzt. Damit macht er die Leugnung des industriell organisierten Massenmordes bekannt und salonfähig. Mohler frohlockt: »Nolte nimmt den Revisionismus ernst.«

Aber nicht nur das, er würdigt sogar die Ernsthaftigkeit der Pseudowissenschaftler, die bisher über die Darstellung in sektiererischen Rechtsblättern nicht hinausgekommen waren. Es lasse sich nicht bestreiten, so Herr Nolte, daß sich die Revisionisten »in der Thematik sehr gut auskennen und Untersuchungen vorgelegt haben, die nach Beherrschung des Quellenmaterials und zumal in der Quellenkritik diejenigen der etablierten Historiker in Deutschland vermutlich übertreffen«. So wird, als trauriger Höhepunkt der Posse, zum Beispiel der sogenannte »Leuchter-Report« ausführlich behandelt, der den naturwissenschaftlichen Beweis zu führen sucht, daß die in Auschwitz und anderswo vorgezeigten Gaskammern niemals dem Zweck der Vernichtung von Menschen gedient haben können. Fred Leuchter, ein amerikanischer Ingenieur, hat früher in den USA Gaskammern gebaut und repariert. Er weiß, wovon er spricht!

Offenbar trifft die Bewertung von Margarita Mathiopoulos zu, daß der Historikerstreit von 1986 bis 1988 lediglich die »Ouvertüre zu einer tiefergehenden Auseinandersetzung um die deutsche Geschichte« darstellte. Nach der Wiedervereinigung sei das Bedürfnis der Deutschen gewachsen, aus dem »Schatten von Hitler und Holocaust« herauszutreten und einen Schlußstrich unter das Kapitel Nationalsozialismus zu setzen. Es erscheine zweifelhaft, ob am Ende dieses »zweiten Historikerstreites« noch einmal das Bekenntnis zur Einzigartigkeit von Auschwitz stehen werde.

In der Tat: Bis tief hinein in das bürgerliche Lager, aber auch unter Anhängern der Sozialdemokraten, ist die Auffassung verbreitet, daß es jetzt wieder möglich sein müsse, die Singularität der Nazi-Verbrechen durch Vergleiche mit dem Unrecht in anderen Staaten zu widerlegen. Die Thesen Noltes und verschiedener Epigonen sind inzwischen via Politik und Medien in alle Teile der Gesellschaft »gefunkt« worden. Sie sind dabei ständig weiter vereinfacht worden und führen inzwischen an den meisten Stammtischen der Republik zu erregten Diskussionen über die Ähnlichkeiten der Nazi-Verbrechen mit dem Massenmord Pol Pots in Kambodscha, der Niederwerfung der Inkas durch die Spanier, der Sklaverei in Amerika und der stalinistischen Gewaltverbrechen. Was dabei naturgemäß herauskommt, ist nicht die – von Historikern wie dem verstorbenen Martin Broszat – durchaus gewünschte »Historisierung« im Sinne einer akademischen Methode zur Analyse totalitärer Herrschaftssysteme. Die Wirkung ist vielmehr eine andere: Es wird aufgerechnet und die Schuld des eigenen Landes verharmlost. So kann dann die Notwendigkeit einer Beschäftigung mit dem Nazi-Terror geleugnet werden. An der »Basis« hört sich das so an: Natürlich hatte der Hitler »vermutlich etwas zuviel Energie« (Nolte), was allerdings angesichts der sowjetischen Bedrohung Deutschlands durchaus nachvollziehbar war. Aber letztlich sollen wir uns doch nicht immer selbst beschuldigen, in Wahrheit haben doch alle Völker der Welt »etwas Dreck am Stecken«. Nach der Wiedervereinigung müssen wir nun endlich ein »normaler Staat« sein und aufhören, für die Taten der Väter und Großväter ständig zu Kreuze zu kriechen und zu bezahlen. Wir wollen endlich wieder ohne schlechtes Gewissen sagen können: Wir sind stolz darauf, Deutsche zu sein. Nun können wir wieder befreit aufatmen.

Aber Befreiung und Stolz können nicht durch Verdrängung und Verharmlosung, sondern nur durch Wahrheit und Erinnerung entstehen. Diese Erkenntnis lag der Rede Richard von Weizsäckers am 8. Mai 1985 zum 40. Jahrestag des Kriegsendes zugrunde. Weizsäcker hatte damals ausgeführt:»Schuld oder Unschuld eines ganzen Volkes gibt es nicht. Schuld ist, wie Unschuld, nicht kollektiv, sondern persönlich. Der ganz überwiegende Teil unserer heutigen Bevölkerung war zur damaligen Zeit entweder im Kindesalter oder noch gar nicht geboren. Sie können nicht eine eigene Schuld bekennen für Taten, die sie gar nicht begangen haben. Kein fühlender Mensch erwartet von ihnen, ein Büßerhemd zu tragen, nur weil sie Deutsche sind. Aber die Vorfahren haben ihnen eine schwere Erbschaft hinterlassen. Wir alle, schuldig oder nicht, ob alt oder jung, müssen die Vergangenheit annehmen. Wir alle sind von ihren Folgen betroffen und für sie in Haftung genommen. Jüngere und Ältere müssen und können sich gegenseitig helfen zu verstehen, warum es lebenswichtig ist, die Erinnerung wachzuhalten. Wer vor der Vergangenheit die Augen verschließt, wird blind für die Gegenwart. Wer sich der Unmenschlichkeit nicht erinnern will, der wird wieder anfällig für neue Ansteckungsgefahren.«

Acht Jahre später betrat mit Steffen Heitmann ein Kandi-

dat für die Nachfolge Weizsäckers die öffentliche Bühne, der die Dinge ganz anders einschätzte: Wir Deutschen dürften unsere Geschichte nicht dauernd als »Monstranz« vor uns hertragen. Vielmehr müßten wir bestehende »Tabus« in der Debatte um die Geschichte aufbrechen. Die Nazizeit dürfe keine »Dauerhypothek« sein, vielmehr sei mit der deutschen Einheit der Zeitpunkt gekommen, dieses Ereignis endlich »einzuordnen«. Zwar sei der Tod von Millionen von Juden in Gaskammern »einmalig«, aber: »Es gibt viele einmalige historische Vorgänge. Wiederholung gibt es in der Geschichte ohnehin nicht.«
Damit banalisiert Herr Heitmann die Singularität des Holocaust. Da er jedes Ereignis als einmalig bezeichnet, wird die Aussage wertlos. Ignatz Bubis hatte recht, als er sagte, daß mit solchen Äußerungen »Wasser auf die Mühlen der Rechtsradikalen« gelenkt wird.
Steffen Heitmann ging es darum, den Historikerstreit im Sinne Noltes zu beenden. Wichtig für ihn war und ist allein die Auseinandersetzung mit der Vergangenheit des SED-Regimes, wobei er härteste Maßstäbe in der Beurteilung ehemaliger kommunistischer Funktionäre und Kollaborateure anlegt.
In der Tat besteht die Gefahr, daß die zweite Vergangenheitsbewältigung, nämlich die Aufarbeitung des SED-Unrechts, zur weiteren Relativierung der einzigartigen Schrecken des NS-Terrors beiträgt oder gar die lebendige Erinnerung an das »Dritte Reich« gänzlich verdrängt. Der Bonner Historiker Hans-Peter Schwarz hat in diesem Sinne bereits die These vertreten, daß allein durch die viel längere Herrschaftszeit der kommunistischen Diktatur diese auf Kosten der Beschäftigung mit dem Nationalsozialismus in den Vordergrund rücken werde.

Schon spürt man die schleichende Veränderung der Begriffe im politisch-historischen Denken. Der früher als liberal geltende Historiker und Publizist Arnulf Baring, ein »übergelaufener ehemaliger Jalta-Boy« (Armin Mohler), bezeichnet inzwischen den Hitler-Zwangsstaat nur noch als »autoritär«, dagegen das SED-Regime als »wahrhaft totalitär«. Das legt den Schluß nahe, daß die rechte Diktatur in Deutschland weniger ausgeprägt gewesen ist als das linke Gegenstück.

Solche Thesen finden sich dann bald in der politischen Arena wieder: Leipziger Jusos fordern, daß endlich Schluß sein müsse mit »sinnlosen Schuldkomplexen« der Deutschen. Einige Alt-Genossen können mit Mühe verhindern, daß die Jungsozialisten eine deutsche Landkarte mit den Grenzen von 1937 aufhängen. Der von der CDU zu den Repsen konvertierte Bundestagsabgeordnete Rudolf Krause erklärt, daß »unter dem fünfzackigen Sowjetstern zehnmal soviel Unrecht geschehen sei, wie unter dem Hakenkreuz«. Er sei es leid, von »ehemaligen Sklavenhalter-Nationen auch nach der Wiedervereinigung als Mensch zweiter Klasse behandelt zu werden«.

Aber selbst ein gestandener Politiker wie der CSU-Landesgruppenchef im Bundestag, Michael Glos, geht der Geschichtsrevision auf den Leim. Die politische Konsequenz lautet für ihn: Rechtsradikale sind weniger »gefährlich« als Grüne und PDS.

Wenn sich solches Denken Bahn bricht, zerbröselt der antitotalitäre Konsens, der bisher im SED-Staat und im NS-System gleichermaßen die antidemokratischen Gegenbilder für die freiheitliche Ordnung der Bundesrepublik sah. In den vierzig Jahren bis 1989 definierte sich die Bonner Republik aus ihrem Grundgesetz, aber auch durch die

Abwehrhaltung gegen beide im 20. Jahrhundert auf deutschem Boden entstandenen Despotien. Wird jetzt die rechte Tyrannei abgelegt, eingeordnet und bagatellisiert, die linke dagegen dämonisiert – so werden rechtsradikale und *Konservative Revolutionäre* salonfähig. Dann beanspruchen sie ihren Platz im demokratischen Verfassungsspektrum, dann verschiebt sich die Mitte nach rechts. Die Maßstäbe verschwimmen, und Deutschland driftet.

Auch wenn die Opposition dagegen aus den Reihen der Geschichtswissenschaft, der Politik und der veröffentlichten Meinung nicht gering zu schätzen ist, so gewinnt die Nolte-Position doch zunehmend Anerkennung.

Schon während des Historiker-Streits hatte es von zum Teil angesehenen Kollegen Flankenschutz gegeben, zum Beispiel durch den Kölner Historiker Andreas Hillgruber. Dessen Büchlein »Zweierlei Untergang. Die Zerschlagung des Deutschen Reiches und das Ende des europäischen Judentums« (1986) stellte schon im Titel die Shoah und die Niederlage Nazi-Deutschlands auf eine Ebene, wog sie gleichsam auf. Dieses Buch übertrifft nach Auffassung des Pädagogikprofessors Micha Brumlik »an Schamlosigkeit und Zynismus« alles, was bisher von seiten seriöser Wissenschaftler publiziert wurde. Hillgrubers Äußerungen bewegten sich auf dem Niveau von Landserheften und stellten einen Einschnitt dar, »der das Umschwenken deutscher Konservativer zum aggressiven Nationalismus signalisiert«.

Auch wenn die Schärfe Brumliks angesichts der Gesamtwürdigung des Werkes von Andreas Hillgruber übertrieben erscheint, so kann man doch nicht umhin, ähnlich wie bei Ernst Nolte auch bei ihm Verharmlosungsversuche der NS-Schrecken zu entdecken. Das beginnnt bei der Wortwahl des Titels. Die Niederlage des Deutschen Reiches und der Holocaust werden als »Zweierlei Untergang« auf eine Ebene gestellt, so als müsse man beides gleichermaßen bedauern. Das Reich wird »zerschlagen«, das Judentum in Europa »endet«. Offen bleibt, wer für die Zerschlagung des Reiches die Verantwortung trägt, nämlich dessen Führer. Verdeckt dagegen wird, daß es nicht um das *Ende* des *Judentums*, sondern um die *Ermordung* der *Juden* ging. Micha Brumlik: »Die Abstraktifizierung hat nur die Funktion, das Grauen hinter Worthülsen verschwinden zu lassen, es abzubuchen, abzuschließen – zu verdrängen. Wenn es möglich war, Millionen Menschen dadurch ermorden zu lassen, daß man sie zu abstrakten Nummern umdefinierte, dann stellt der Versuch, ihrem grauenhaften Schicksal in ebenso abstrakten Begriffen zu begegnen, nichts anderes dar, als sich zu der Erinnerung an die Ermordeten ebenso zu verhalten wie zu den Ermordeten selbst.«

Sicher hat Andreas Hillgruber das so nicht gemeint. Man kann ihm nicht unterstellen, die Greuel der Nazi-Herrschaft zu verniedlichen. Aber wieder muß die Frage nach der Wirkung solcher Thesen gestellt werden. Darf ein Historiker, der sich öffentlich äußert, angesichts eines sensiblen Themas so fahrlässig daherreden? Spielt nicht doch – zumindest unterschwellig – die Hoffnung mit, durch solche Wortwahl eine gewisse Umwertung zu erreichen, die in einer Entlastung der Deutschen besteht?

Natürlich lesen Skinheads, die Molotow-Cocktails gegen Asylbewerberheime werfen, nicht die Bücher von Historikern. Wer aber ein Buch schreibt, der muß das in dem Bewußtsein tun, daß Tausende von Menschen davon Kenntnis nehmen, das Gelesene auf ihre Art verarbeiten, wahrscheinlich vereinfachen und weitertragen. So sickern

Gedanken und Worte immer weiter nach »unten«, wobei es zwischen dem Sender im wissenschaftlichen Seminar und dem Empfänger in der politischen Gruppe leicht zu Störungen kommen kann, zu einer Verwilderung der Gedanken, zu einer diffusen, gar nicht gewünschten Vermengung und Zuspitzung von Begriffen und Ideen. Komplexität wird im gesamtgesellschaftlichen Dialog notgedrungen reduziert, schwierige Theorien werden zu einfachen Wahrheiten. Am Ende steht dann die Überzeugung, daß ein aufrechter Deutscher sich mit diesen Fragen gar nicht mehr zu beschäftigen brauche, da es Untaten schließlich auf allen Seiten gegeben habe und der Nationalsozialismus so schlimm nun auch wieder nicht gewesen sei.

Immerhin glauben heute 43 Prozent der Deutschen, daß der Nationalsozialismus neben schlechten auch gute Seiten gehabt habe. Knapp zwei Fünftel der Westdeutschen meinten 1989, daß ohne Krieg und Judenverfolgung Hitler »einer der größten deutschen Staatsmänner« gewesen sei, und etwas mehr als zwei Fünftel sind der Ansicht, der Nationalsozialismus habe »gute und schlechte Seiten« gehabt (*Emnid* 1989). Die fehlende Auseinandersetzung mit dem »Dritten Reich« in Ostdeutschland, wo sich die Beschäftigung mit dem Nationalsozialismus im verordneten Antifaschismus erschöpfte, trägt sicher nicht dazu bei, daß ähnliche Umfragen für das wiedervereinigte Deutschland ein sehr viel anderes Ergebnis hätten.

Der Historikerstreit jedenfalls wirkte wie ein Dammbruch. Nun wagten sich Wissenschaftlicher und Publizisten mit Thesen an die Öffentlichkeit, für die sie noch vor wenigen Jahren geächtet worden wären. Vor allem aber wurden ihnen jetzt Foren geboten, durch renommierte Verlage, Magazine und Zeitungen. Unter dem Deckmantel der

»Historisierung« von Geschichte konnte jetzt an Positionen gerüttelt werden, die über vierzig Jahre das Selbstverständnis der Bonner Republik geprägt hatten und mit denen das Land gut gefahren war. Schon der Begriff »Historisierung« ist irreführend. Er suggeriert, daß die traditionelle Geschichtswissenschaft mit dem Thema Holocaust irgendwie unhistorisch umgegangen sei. Die seriösen deutschen Historiker haben ihm dennoch kaum Widerstand entgegengesetzt.

Nicht selten halfen die Schüler der *konservativ-revolutionären* Pioniere, ein Netzwerk der Neuen Rechten aufzubauen. So wurde zum Beispiel ein Nolte-Schüler, Rainer Zitelmann, Verfasser einer Hitler-Biographie zur »Entmythologisierung Hitlers« (*Junge Freiheit*), Cheflektor beim *Ullstein*-Verlag und sorgte dort für die Publizierung von Büchern wie Jochen Kummers »Ausländerkriminalität«, Hans-Helmuth Knütters »Faschismuskeule« und Jörg Haiders »Die Freiheit, die ich meine«. Zitelmann, ein früherer Maoist, ständiger Gast der *Jungen Freiheit*, ist seit Dezember 1993 Chef der Beilage »Geistige Welt« der Tageszeit *Die Welt*. Der Marsch der *Konservativen Revolutionäre* durch die Institutionen ist in vollem Gang.

Unterstützung bekommt Ernst Nolte auch von dem Hohenheimer Politologen Klaus Hornung. Auch er sieht den Nationalsozialismus lediglich als »Gegen- und Nachbild« des Kommunismus und wertet das »Unternehmen Barbarossa«, also den Angriffskrieg gegen Rußland, als Präventivschlag. In der Beschäftigung mit der Nazi-Vergangenheit sieht Hornung nur eine Strategie »antifaschistischer Kader«, die mit »nationalem Selbsthaß und Dauer-Selbstanklagen« die Ehre und den Stolz des Vaterlandes schädigen würden. Getrieben seien diese Kräfte einzig und

allein von dem Interesse, eine linke Interpretation der Zeitgeschichte durchzusetzen. Auf diese Weise habe in Wahrheit Hitler – ex negativo – die Richtlinien der deutschen
Politik bestimmt. Nach der Wiedervereinigung soll das nun
anders werden.

Ganz ähnlich denkt auch Wilhelm Hortmann, Professor an
der Gesamthochschule Duisburg. In einem *FAZ*-Artikel
»Was es heißt, Deutscher zu sein«, spricht er offen aus, daß
ein radikaler Kurswechsel im deutschen Selbstverständnis
bevorsteht: »Wenn wir die 16 Millionen Deutschen zu
Beginn ihres Eintritts in Gesamt-Deutschland nicht wegen
ihres Mitläufertums kritisieren wollen, sind wir gezwungen, das Mitläufertum ihrer Eltern und Großeltern unter
Hitler nachträglich zu entkriminalisieren und uns mit dem
Gedanken vertraut zu machen, daß die Deutschen 1933
nicht Bergen-Belsen gewählt haben. Die deutsche Jugend
fühlt sich nicht mehr in der Pflicht, ständig ihre antifaschi-
stische Gesinnung zu bekunden. Die Verbrechen von
Auschwitz waren die Verbrechen ihrer Großväter. Der Versuch, die nachfolgenden Schülergenerationen auf das
Faschismus-Tabu einzuschwören, muß als gescheitert angesehen werden.«

Klarer und radikaler als Nolte spricht Hortmann aus,
worum es geht: Die Entmachtung der »vormaligen Sprecher
der linken deutschen Identität«, die den Verlust der sozialistischen Utopie zur Not noch verschmerzen könnten, nicht
aber den sich »abzeichnenden Verlust von Auschwitz als
Dreh- und Angelpunkt des politischen Denkens, als Flucht-
punkt der deutschen Geschichte, als singuläre deutsche Erb-
schuld und als in Ewigkeit festzuschreibende Basis deutschen Selbstverständnisses«. – Da sich das »Faschismus-
Tabu« nicht aufrechterhalten lasse, die These von der Einzig-

90

artigkeit der Hitler-Verbrechen angeblich widerlegt wurde und Deutschland endlich wieder »normal« sei, gibt es, so Hortmann, keine Notwendigkeit mehr, von einem klaren Bekenntnis zum Deutschsein »in ein diffuses Europäertum« zu fliehen. Endlich sind wir wieder wer!

Dabei unternehmen die *Konservativen Revolutionäre* den nicht ungeschickten Versuch, ihre Bemühungen als eine Art Kulturkampf gegen eine kleine Gruppe angeblich linksliberaler Intellektueller hinzustellen, denen es seit 1968 gelungen sei, ein Meinungsmonopol aufzubauen. In Wahrheit aber geht es um einen Angriff auf den Grundkonsens der Bundesrepublik Deutschland. Die These von der Einzigartigkeit der nationalsozialistischen Gewaltverbrechen haben vor kurzem alle tragenden Kräfte der Bundesrepublik vertreten, und es gibt überhaupt keinen Grund, in dieser Haltung eine würdelose Position zu sehen, die uns für alle Zeiten abhängig und unbedeutend macht. Im Gegenteil: Der Kniefall Willy Brandts im Warschauer Ghetto und die Rede Richard von Weizsäckers am 8. Mai 1985 haben der Bundesrepublik Deutschland Anerkennung auf der ganzen Welt verschafft.

Die Geschichtsverdränger und -relativierer dagegen schaden uns im In- und Ausland. Israel Gutman, der Leiter des Instituts für Zeitgeschichte des Judentums in Jerusalem, äußerte im Juli 1992 gegenüber dem *Spiegel* seine diesbezüglichen Sorgen: »Eine Reihe von deutschen Historikern vermittelt das Gefühl, daß auch sie den Versuch machen, die positiven Seiten des Nazi-Regimes herauszustreichen. Daraus erklärt sich dann auch eine veränderte Haltung gegenüber dem Holocaust. Das Ergebnis sind die revisionistischen Tendenzen, die im sogenannten Historiker-Streit zu erkennen waren, etwa bei Ernst Nolte, Joachim Fest

u. a.« Gutman hegt die Befürchtung, daß es sich bei dem demokratischen Deutschland der letzten vier Jahrzehnte vielleicht doch nicht um das Ergebnis eines tiefgründigen historischen Prozesses der Veränderung gehandelt habe, sondern »nur um ein oberflächliches Bild, eine Täuschung«. Voller guter Hoffnung habe er, Gutman, sich für die Wiedervereinigung Deutschlands eingesetzt. Deutschland sei nun eine Großmacht geworden. Jetzt aber frage man sich aufgrund der historischen Erfahrung in Israel: Was passiert nun?

Aber auch bei unseren westlichen Partnern sind vermehrt besorgte Stimmen zu hören. Was soll zum Beispiel ein englischer oder französischer Intellektueller davon halten, wenn der ehemals »linke« Publizist Wolfgang Venohr in seinem 1991 erschienenen Buch »Napoleon in Deutschland« den Rheinbund zur Katastrophe erklärt, das England des 19. Jahrhunderts als »imperialistische Seeräuber-Nation« diffamiert und einen Frankreich-Haß an den Tag legt, der seit den Zeiten der »Erbfeindschaft« nicht mehr gelesen wurde? Karl Otmar von Aretin sieht in den Ausführungen Venohrs »nationalistische Geschichtslegenden, die fatal an das erinnern, was uns in den dreißiger Jahren von dieser Zeit vermittelt wurde«.

In seinem neuesten Buch, 1993 bei Ullstein(!) erschienen, läßt Wolfgang Venohr den »Feldherrn und Strategen« Erich Ludendorff wieder zu Ehren kommen. Die Bilanz der »großen Abwehrschlacht im Westen zum Frühjahr 1918« fällt für den General danach strahlend aus. Er erweist sich als »Abwehrstratege von einsamer Größe«, die »militärische Größe« Ludendorffs wird »immer von bleibender geschichtlicher Bedeutung sein«, zumal er sich nie dem Zeitgeist, der Mehrheit oder den Mächtigen angepaßt habe.

Mit Bedauern fügt Venohr hinzu, daß die Deutschen, einst führend in der Welt, es nach 1945 leider verlernt hätten, sich mit Kriegsgeschichte zu beschäftigen. Aber sie bleibe ein wesentlicher Bestandteil der National- und Weltgeschichte, zumal sie, richtig gelesen und angewandt, Grundlage jeder Führungskunst auch im zivilen Bereich sei.

Venohr, inzwischen auch Autor der *Jungen Freiheit*, zeigt dies zum Beispiel durch umfangreiche Artikel über die Frage, ob die 6. Deutsche Armee im Kessel von Stalingrad zu retten gewesen wäre. Und er schließt seine Ausführungen mit der Bemerkung: »Mir persönlich geht es so, daß ich kaum glauben kann, daß die 182 000 deutschen Stalingrad-Kämpfer, die ihr Leben in treuer Pflichterfüllung für die Heimat gaben, irgend etwas mit den Deutschen von heute zu tun haben könnten.« Kein Wort darüber, daß diese deutschen Soldaten auf Befehl Hitlers Rußland überfielen, Millionen von Menschen töteten und in Stalingrad gar nichts zu suchen hatten. Niemand kann das den Soldaten vorwerfen, die natürlich subjektiv glaubten, »fürs Vaterland zu sterben«. Es mag ja auch sein, daß die militärstrategischen Fragen im Zusammenhang mit der Stalingrad-Schlacht für die Ausbildung von Offizieren interessant sein können. Aber kann man, zumal in einer Zeitung, die sich besonders an junge Menschen richtet, eine der schlimmsten Schlachten der Weltgeschichte darstellen und militärtaktisch bewerten, ohne gleichzeitig zumindest einige Sätze über die politischen Zusammenhänge zu verlieren und über denjenigen, der Millionen von Menschen durch seine wahnsinnigen Angriffskriege auf dem Gewissen hat?

Und was soll die persönliche Bemerkung zum Schluß? Sie suggeriert, daß die in Stalingrad kämpfenden Soldaten bessere Deutsche sind als die heutigen. Aber kann man nicht seine »Pflicht« gegenüber der Heimat anders erfüllen als dadurch, daß man in Schlachten bis zum letzten Atemzug ausharrt? Es gibt Tausende, Millionen von Deutschen, die mit großem Engagement ihre »Pflicht« erfüllen: Beamte, Angestellte und Arbeiter, die ehrenamtlichen Helfer beim Roten Kreuz, die Pfleger in Sozialstationen, unzählige Kommunalpolitiker in Rathäusern, die Freiwilligen der Feuerwehr, die Betreuer von Sportvereinen oder auch die Soldaten unserer Bundeswehr. Es ist wahr und auch traurig, daß wir in einer Zeit leben, in der viele Menschen in erster Linie an sich selbst und ihre privaten Angelegenheiten denken, sich unterhalten lassen und konsumieren, anstatt in der Nachbarschaft Hand anzulegen und sich um öffentliche Angelegenheiten zu kümmern. Aber es gibt unzählige Menschen, die anders leben, die dem Gemeinwohl dienen. Sie haben es wahrlich nicht nötig, die Soldaten von Stalingrad als Vorbild zu nehmen. Man kann sie bedauern, die armen jungen Männer, die Hitler in den Krieg gehetzt hat. Aber zu heroisieren brauchen wir sie nicht.

Genau das aber geschieht momentan im Rahmen der voranschreitenden Geschichtsrevision. Undenkbar wäre noch vor wenigen Jahren die ganzseitige Anzeige in einer Boulevard-Zeitung gewesen, wo Gedenkmünzen von deutschen Soldaten-»Helden« angepriesen werden. Rudel, Kesselring, Hartmann und 24 weitere »Träger des Ritterkreuzes mit Eichenlaub, Schwert und Brillanten« wurden dort einer Millionen-Leserschaft präsentiert. Darunter hieß es im Text: »Die Tapfersten der Tapferen boten großartige soldatische Leistungen, zeigten Opferbereitschaft und Zivilcourage und waren beispielhafte Heeresführer. Sie erfüllten die ihnen auferlegten Pflichten vorbildlich, denn ihr Glaube galt dem Vaterland. Mit der Herausgabe dieser Edition wurde dem Heldentum des deutschen Soldaten ein würdiges und zeitlos schönes Denkmal gesetzt.«

Niemand sollte die jungen Soldaten von damals zu Kriegsverbrechern erklären, wie dies nicht selten von radikalpazifistischen Intellektuellen gemacht worden ist. Niemand sollte verkennen, daß es unter den deutschen Soldaten, die im Zweiten Weltkrieg gekämpft haben, viel Anstand und Tapferkeit gegeben hat. Aber es hat auch das Gegenteil gegeben, zum Beispiel die Massenerschießungen der Einsatzgruppen. Und vor allem: Es war ein teuflisches Regime, für das die Wehrmacht gekämpft hat. Diese Wahrheit verbietet es heute und in Zukunft, deutsche Soldaten der damaligen Zeit zu Helden zu erklären. Wenn wir solche Geschichtsrevision zulassen, berauben wir zukünftige Generationen der Maßstäbe.

Der Wunsch nach Identifikation mit der eigenen Geschichte und nationaler Normalität ist nur zu verständlich. Aber weder das eine noch das andere läßt sich durch politische Manipulation der Geschichte herstellen. Dasselbe gilt für die Versuche, »Normalität« quasi durch Beschluß herstellen oder herbeireden zu wollen. Niemand wird dadurch normal, daß er sich ständig für normal erklärt. Das bewirkt eher das Gegenteil. Normalität muß wachsen, sich selbstverständlich einstellen. Bis vor einigen Jahren waren wir auf einem guten Weg, unsere Würde wiederzuerlangen – als berechenbarer Partner der internationalen Staatengemeinschaft, als ein Land, das seiner jüngsten Geschichte offen ins Auge sieht. Wenn die *Konservativen Revolutionäre* ihre Geschichtsrevision durchsetzen, dann wird sich das ändern.

Mit voller Absicht tut das Karlheinz Weißmann, ein konservativ-revolutionärer Historiker. In seinem Buch »Rückruf in die Geschichte« (1992) stiftet er durch seine Geschichtsverdrehungen Brand. Die Deutschen erscheinen darin nur noch als Opfer des Zweiten Weltkrieges, das Ausland als Täter. Ein Beispiel für solche Verdrehung geschichtlicher Sachverhalte ist seine Version des Jahres 1945, in der von den Verbrechen der Nazis keine Rede ist und ebensowenig von den Leiden, die durch Deutsche anderen Völkern zugefügt wurden.

Dafür aber: »Als im Mai 1945 alles zu Ende war, lag das Land zerstört. Man hatte 3,5 Millionen gefallene Soldaten und 650 000 Ziviltote zu beklagen; zum Zeitpunkt der Kapitulation befanden sich mehr als 10 Millionen Angehörige der Wehrmacht und der Waffen-SS in Kriegsgefangenschaft; bis 1947 wurden 12 Millionen Deutsche aus ihren angestammten Siedlungsgebieten im Osten vertrieben, fast ein Viertel starb bei der Flucht oder der Deportation. Die Deutschen waren verhaßt und geächtet unter den Völkern, Ausgestoßene. Und sogar den Siegern kam der Gedanke an Karthago, wenn sie durch die Trümmer von Berlin fuhren...«

Auch in bezug auf den Völkermord tauchen in Weißmanns Darstellung die Deutschen nur als Opfer auf. Diese Rolle resultiert aus der »zwangsweisen« Konfrontation mit unerhörten Bildern: »...nirgends ein Aufflackern des ›Nazismus‹ – vielleicht ein ohnmächtiges Wort da und dort –, aber kaum noch, nachdem die Lager geöffnet worden waren und die Deutschen *zwangsweise* mit der fast verborgenen Seite des alten Regimes konfrontiert wurden, als man ihnen die Bilder der Leichenberge zeigte.«

Natürlich gab es auch unzählige Deutsche unter den Opfern des Nazi-Regimes, und es ist auch gut möglich, daß einige Gruppen wie zum Beispiel die Vertriebenen – vor dem Hintergrund des Genozids – nicht immer hinreichend gewürdigt worden sind.

Nach dem Maßstab der historischen Aufrichtigkeit aber ist Weißmanns Blick gefährlich verengt, bietet er ein Zerrbild der historischen Gegebenheiten. Wer als Historiker so agiert, der ebnet das Terrain für die Revisionisten. Aber Herr Weißmann hat schließlich seine Vorbilder unter den älteren Historikern! Die Fälschungen haben schließlich auch ein ehrenwertes Ziel, das die Mittel rechtfertigt: Identifikation mit Deutschland und Normalität sollen wieder möglich werden.

So werden wir neues Mißtrauen in der Welt säen, die Demokratie demontieren und die aus zwei Weltkriegen gezogene Konsequenz einer europäischen Orientierung unseres Landes aufgeben.

Antiwestliches Sonderbewußtsein

In Nordamerika, England und Frankreich hatten die Ideen der Aufklärung im 18. Jahrhundert zu tiefgreifenden Umwälzungen geführt. Der monarchische Absolutismus wurde beseitigt, die Idee der allgemeinen Menschenrechte und die parlamentarische Demokratie setzten sich durch. Dagegen verlief die Entwicklung in Preußen (und auch in Österreich) gänzlich anders. Hier erfolgte die Umsetzung der Vorstellungen der Aufklärung nicht revolutionär, sondern reformerisch. Durch die Beseitigung der gröbsten Mißstände der alten Ordnung, durch Verwaltungsreform, weitgehende Rechtsstaatlichkeit und ein hohes Maß an Toleranz gelang es, die demokratischen Kräfte zu bändigen und mit dem monarchischen Gedanken zu verbinden. Der aufgeklärte Absolutismus Friedrichs des Großen war das freieste und fortschrittlichste Gemeinwesen seiner Zeit. Das Ancien régime wurde in Preußen nicht durch eine gemeinsame Anstrengung des Volkes von unten beseitigt, sondern durch die Einsicht des Monarchen durch Umgestaltung von oben überwunden. Freiheit wurde nicht erkämpft, sondern gewährt.

Damit aber nicht genug. Die Französische Revolution wendete sich unter Napoleon bald nach außen, um die Gedanken von Freiheit, Gleichheit und Brüderlichkeit über den

Kontinent zu verbreiten. Dies aber geschah mit Bajonett und Kanone. So verspielte Frankreich die anfänglichen Sympathien für seine demokratischen Postulate. In den französischen Invasoren sah man keineswegs die Vorkämpfer für bürgerliche Freiheiten, sondern fremde Besatzer. Mit der nationalen Abwehr gegen die Truppen Bonapartes erfolgte in Preußen somit gleichzeitig eine radikale Abkehr von den revolutionären Ideen. Man kämpfte nicht mehr für politische Freiheit, vielmehr für nationale Einheit gegen »den Franzosen«. Die universellen Werte der Französischen Revolution wurden durch die nationalistische Invasion diskreditiert.

Für die Entwicklung der Demokratie in Deutschland mußte das tiefgreifende Folgen nach sich ziehen. In seinem Buch »Die deutsche Diktatur« schreibt Karl Dietrich Bracher: »Es begann die romantisch-mystische Begründung eines nationalen Sonderbewußtseins, einer Sonderstellung der Deutschen gegenüber dem Westen und seiner Revolutions- und Staatsphilosophie. Charakteristisch ist die rasche Wandlung vom gemeineuropäischen, human-weltbürgerlichen zum nationalen Denken der deutschen Kultursendung, die besonders bei Fichte hervortrat. Während die Freiheitskriege gegen Napoleon die nationalen Interessen in den Vordergrund rückten, ermöglichten sie schließlich der Restauration den Sieg über innere Reform- und Revolutionsbestrebungen.«

Bereits damals gab es Beobachter, die ähnlich dachten. Johann Wolfgang von Goethe etwa meinte im Dezember 1813: »Was ist denn errungen worden? Sie sagen: die Freiheit; vielleicht würden wir es aber Befreiung nennen; nämlich Befreiung nicht vom Joche der Fremden, sondern von einem fremden Joche.«

100

Die Entfremdung des deutschen Staatsdenken vom Westen setzte sich im weiteren Verlauf des Jahrhunderts fort. Die hoffnungsvollen Ansätze, die sich zum Beispiel in den preußischen Reformen der Freiherren vom Stein und von Hardenberg, des Generals von Scharnhorst oder des Wilhelm von Humboldt zeigten, wurden im Zuge der Wiederherstellung der monarchischen Ordnung nach Ende des Wiener Kongresses erstickt. Das philosophische und politische Denken in Deutschland wendete sich unter dem Eindruck der Romantik von den Ideen der Aufklärung ab. Statt die Welt mit Vernunft zu erfassen und zu ordnen, spürten die romantischen Dichter und Philosophen – von Novalis und Hölderlin bis Herder und Arndt – den unerklärbaren Geheimnissen des Lebens nach, entdeckten die Schönheit der Natur und versenkten sich in die Geschichte des eigenen Volkes. Das mittelalterliche Kaisertum mit seiner tiefen Verbindung zwischen Mensch und Gott wurde wiederentdeckt und verklärt. Während die Menschen in Frankreich, Holland, Polen, Spanien oder Griechenland für Freiheit und nationale Unabhängigkeit kämpften, blieb die demokratische Bewegung in Deutschland kümmerlich – vielleicht mit Ausnahme der von Frankreich beeinflußten südwestdeutschen Kleinstaaten sowie der sich stark antipreußisch definierenden katholischen Länder wie Bayern oder das Rheinland. Nicht die Ideen von Locke, Montesquieu oder Jefferson dienten als gesellschaftliche Leitidee, als populärer erwies sich die Sage vom Kaiser Rotbart, der im Kyffhäusergebirge ruhe und eines Tages wieder ein großes neues Reich im deutschen Lande errichten werde.

So kam es ja schließlich auch. Nur daß es am Ende kein Kaiser, sondern ein Führer und kein Rotbart, sondern Schnauzbart werden sollte ...

Stärker als der Freiheitswille wirkte der Wunsch nach nationaler Einheit. Aber nicht einmal sie wurde von den Deutschen erstritten, sondern von oben gewährt. Unter Führung Bismarcks gelang 1871 die Gründung des Reiches nach dem Sieg der deutschen Staaten im Krieg gegen Frankreich.

Die Freiheit blieb einmal mehr auf der Strecke, anstelle einer liberalen Demokratie wurde eine autoritär-obrigkeitsstaatliche Ordnung errichtet, Parlament und Parteien wurde die Entfaltung versagt. Während sich unter den westlichen Staaten ein Gefühl der Zusammenhörigkeit aufgrund gleicher politischer Grundwerte bildete und der moderne Nationenbegriff sich hier untrennbar mit der Menschenrechtsidee verband, herrschte im Deutschen Reich antiwestlicher Nationalismus. Die Frontstellungen des Ersten und Zweiten Weltkrieges wurden auf diese Weise bereits im 19. Jahrhundert vorgezeichnet.

Das antiwestliche Sonderbewußtsein zeigte sich in besonderer Schärfe in der Weimarer Republik, in der die Scham angesichts der Kriegsniederlage und die verheerende Wirkung des Versailler Vertrages die Kluft zwischen Deutschland und dem Westen noch vertiefte. An die Spitze der antiwestlichen Bewegung setzte sich einmal mehr die *Konservative Revolution*. Ihre Denker sprachen und schrieben über die »aufgepfropfte Demokratie«, die seelenlose, formalistische und »undeutsche« Staatsform des Westens. Die »formalen Irrbilder« in den westlichen Staaten müßten den Weg für eine Ordnung freimachen, in welcher »den wahren Werkzeugen des Volkswillens die Leitung des deutschen Schicksals« anvertraut werde. Der »westliche Parteiparlamentarismus mit seiner frisch aus der deutschen Niederlage erbeuteten Allgewalt« sei der hartnäckigste Feind einer

»organischen Neuordnung des deutschen Lebens« (Max Hildebert Boehm).

Für Edgar Jung bedeutete die *Konservative Revolution* ein »entschiedenes Nein zur demokratisch-liberalen Epoche«. Das neu zu schaffende »Dritte Reich« werde »in allen Stükken entgegengesetzt sein den Wertungsweisen und sozialen Formen der 1789 durchgebrochenen liberalen Welt«.

Solche Gedanken beeinflußten das Denken der Nationalsozialisten und gaben den instinktiven Aversionen der Extremisten den geistigen Überbau. Der nationalsozialistische Philosoph Alfred Baeumler wertete 1940 den Weltkrieg als eine Etappe in einem seit der Reformation währenden Dauerkonflikt zwischen Deutschland und dem Westen. Die völlige Niederlage der westlichen Völker stelle nicht nur eine Verschiebung der Machtverhältnisse auf dem Kontinent dar, vielmehr reiche das Ergebnis dieses »ungeheuren Ereignisses« weiter: »Es gibt keinen Westen mehr.«

Hitler übernahm das von der rechtsintellektuellen Avantgarde gepflegte Vorurteil über die angebliche Dekadenz der Vereinigten Staaten von Amerika: »Es sind die letzten ekelhaften Todeszuckungen eines überlebten, korrupten Systems, das eine Schande für die historische Vergangenheit dieses Volkes ist. Seit dem Bürgerkrieg, wo die Südstaaten wider aller geschichtlicher Logik und jeder geistiger Gesundheit unterlagen, befinden sich die Amerikaner im Stadium des politischen und völkischen Verfalls. Damals wurden nicht die Südstaaten besiegt, sondern das amerikanische Volk selbst. Unter der Scheinblüte eines wirtschaftlichen Aufstieges ist seitdem Amerika in die Wirbel einer progressiven Selbstzerstörung geraten.«

Ein halbes Jahrhundert später sind wieder ganz ähnliche

antiwestliche, zumal antiamerikanische Töne vernehmbar. Wieder grassiert das Vorurteil einer kaputten amerikanischen Gesellschaft, in der es angeblich nur noch Gewalt und Kriminalität, furchtbare Armut, oberflächliches Konsumdenken, sexuelle Ausschweifungen und verbreitete Drogenabhängigkeit gibt. Voller Verachtung schaut der intellektuelle Deutsche auf die Walt-Disney- und McDonald's-»Kultur« und übersieht einmal mehr die ungeheure freiheitliche und schöpferische Kraft der amerikanischen Demokratie, die in mehr als zweihundert Jahren immer wieder die Fähigkeit zur Selbstkorrektur und Erneuerung gefunden hat.

Die Vordenker der Neuen Rechten wollen uns einreden, daß der westliche Liberalismus am Ende sei, die Gesellschaft sich pulverisiere, beziehungslose Einzelteile egoistisch neben- oder gegeneinander dahinlebten und der Verfall der Sitten nun wirklich den Untergang des Abendlandes anzeige. Deutsch-nationale Strömungen haben längst Einzug in die offizielle Politik gefunden, die eindeutige Politik der Westbindung der Bonner Republik wird zunehmend problematisiert, die europäischen und atlantischen Bande werden gelockert, und einem eigenständigen deutschen Weg mit »gesundem Nationalbewußtsein« wird das Wort geredet. Nach Erlangung der Souveränität müsse Deutschland nun endlich seine Rolle als politischer Zwerg aufgeben. Neben die »Das-Boot-ist-voll«-Parole gesellen sich zunehmend Töne, die an das alte »Wir sind wieder wer« erinnern.

Intellektuelle Speerspitze dieser neuen, in Wahrheit aber alten »Los-vom-Westen-Bewegung« sind einmal mehr die Vordenker der *Konservativen Revolution* und die *Junge Freiheit*. Ihr Flaggschiff ist ein 1993 im Ullstein-Verlag herausgekommenes Buch »Westbindung«, das Rainer Zitelmann, Karlheinz Weißmann und Michael Großheim herausgegeben haben. Der 552seitige Sammelband ist ausgesprochen geschickt angelegt. Die eindeutig antiwestlichen Positionen der jungen Herausgeber werden auf vorsichtige, oft erst auf den zweiten Blick zutage tretende Art und Weise propagiert. Außerdem kommen auch dezidierte Befürworter der Westbindung, wie der Hamburger Politikwissenschaftler Christian Hacke oder der *FAZ*-Redakteur Karl Feldmeyer zu Wort. Man will ein Diskussionsforum sein. Auf diese Weise gelingt es der revolutionären Rechten erstmals, ihre deutsch-nationalen Thesen in seriösem Gewand zu präsentieren und ihr Ziel zu erreichen, wesentliche außenpolitische Grundsätze der alten Bundesrepublik zu »enttabuisieren«.

Bereits im Vorwort werfen die Herausgeber linksliberalen und konservativen (!) Intellektuellen vor, die Westorientierung nicht als rationale Entscheidung begründet, sondern »metaphysisch« verklärt zu haben. Das Bekenntnis zur westlichen Wertegemeinschaft, ein Begriff, der stets distanzierend in Anführungsstriche gesetzt wird, habe fast den Charakter einer »auf die totalitäre Durchdringung der gesamten Gesellschaft gerichteten Utopie angenommen«. Nach Auffassung der Autoren habe die von Konrad Adenauer eingeleitete Westintegration der Bundesrepublik »mögliche Wiedervereinigungs-Alternative vor 1989 torpediert«.

Der Kompaß Westbindung reicht nach Auffassung der Herausgeber und meisten Autoren für die künftige Standortbestimmung Deutschlands nicht mehr aus. Die Übereinstimmung von politischer Ordnung und internationaler Einordnung, die das Selbstverständnis der Bonner Republik bestimmt hatte und die Grundlage für die Integration in EG und NATO darstellte, wird als zukünftige Richtschnur dezidiert abgelehnt. Partnerschaft und Freundschaft auf der Grundlage gemeinsamer Werte gelten als naiv, in der neuen Welt zählen nur die nationalen Interessen. Das Schicksal der Deutschen werde nicht mehr durch die enge Verbindung mit den Demokratien des Westens bestimmt, sondern durch die geopolitischen Wirkungen der »Mittellage«.

1982 hatte Kurt Sontheimer die entscheidene Bedeutung einer Westorientierung für das politsiche Denken in Deutschland unterstrichen: »Gibt man die These vom deutschen Sonderweg als notwendigen Bestandteil des politischen Bewußtseins dieser Bundesrepublik auf oder löst man sie, wie zur Zeit die Dinge sich abzeichnen, in so viele Berechnungen und Differenzierungen und Relativierungen auf, daß sie den in ihr enthaltenen Charakter eines moralischen Appells zur Diskontinuität und Umkehr einbüßt, dann bricht man dem deutschen politschen Bewußtsein der Epoche nach dem Zweiten Weltkrieg gewissermaßen das Rückgrat.«

Diese Warnung haben die Herausgeber des Buches als Aufforderung verstanden. Sie drehen den Spieß einfach um: ein spezifisch deutsches Sonderbewußtsein liegt nach ihrer Auffassung nicht im traditionellen antiwestlichen Denken, sondern umgekehrt in der Erhebung der Westbindung zur Heilslehre. In England oder Frankreich kommt nach Meinung der Autoren niemand auf die Idee, aus der Zugehörigkeit zum Westen eine »Religion« zu machen. So einfach geht das: Die Westpolitik aller Bundesregierungen von Adenauer über Brandt bis Kohl wid als irrationale Utopie entlarvt und als Sonderweg im Vergleich zur Haltung der

106

europäischen Partner vorgeführt. Adenauers historische Entscheidung für die Westbindung erscheint in diesem Denken als der eigentliche Sonderweg, die Rückkehr zur nationalen Interessenvertretung in der Mitte des Kontinents wird als das normale und natürliche Zukunftskonzept gepriesen. Die marxistische Dialektiker müssen vor Neid erblassen angesichts solcher Geschichtsverdrehung. Die antiwestliche Haltung der deutschen Linken, wie sie vor allem seit Ende der sechziger Jahre virulent wurde, erscheint infolge solcher intellektuellen Konstruktionen nur noch bieder und platt.

Nicht nur die Herausgeber, auch mehrere Autoren des Buches nehmen die These vom antiwestlichen Sonderbewußtsein aufs Korn. Panajotis Kondylis, Privatgelehrter zwischen Athen und Heidelberg und Dauergast in der *Jungen Freiheit*, hält den »Sonderweg« lediglich für eine vom Ausland und der deutschen Linken in unseliger Allianz geschmiedete politische Waffe, welche die Deutschen auf prowestlichen Kurs halten soll. Eberhard Straub, der 1987 das Œuvre »Die Götterdämmerung der Moderne. Von Wagner bis Orwell« veröffentlichte und als Pressereferent im *Stifterverband der Deutschen Wirtschaft* arbeitet, wartet in seinem Beitrag »Verwestlichung als Erziehungsprogramm« mit der These auf, daß es innerhalb des Westens lauter »Sonderwege« gegeben habe. Fragen an die deutsche Geschichte müßten in Wahrheit an alle Europäer gerichtet werden. So möge man nur einmal das Frankreich der Kollaboration näher besichtigen.

Hier zeigt sich eine Variante der geschichtlichen Relativierung im Sinne Noltes: Auch die anderen waren schlecht. In frappierender Deutlichkeit offenbart Herr Straub, worum es den Vertretern der Geschichtsrelativierung in Wahrheit geht: »Mit der ›Historisierung‹ des Nationalsozialismus wird der ›Gründungsmythos‹ der Bundesrepublik, nämlich der ›des Westens‹ historisiert und relativiert.«

Mit anderen Worten: Gelingt es den *Konservativen Revolutionären,* die Geschichtsphilosophie Ernst Noltes durchzusetzen, so wankt damit automatisch die westliche »Staatsideologie« (Straub) der Bundesrepublik, die damit als »Verlegenheitsmythos« entlarvt würde. Eberhard Straub erhofft sich davon die Überwindung der Schwächen der heutigen Deutschen. Zur Orientierung empfiehlt er unsere Ahnen im Ersten Weltkrieg. Diese hätten der »Idee des Westens« noch das »bewußte Credo eines Deutschen Weges« entgegengehalten.

Im rechtsradikalen *Criticón* schwärmt Armin Mohler, der Mentor der *Konservativen Revolutionäre,* von dem Buch über die Westbindung, »das es in sich hat«. Die jungen Autoren würden auf die völlig verschiedene Entwicklung der westlichen Mächte aufmerksam machen, die man folglich gar nicht unter den Begriff »Westen« subsumieren könne: »Zur Zeit unserer Großväter war das noch selbstverständlich – nach diversen linksliberalen Gehirnwäschen ist das Aussprechen dieser Fakten eine Provokation.« Den deutschen Lernprozeß nach der Befreiung vom nationalsozialistischen Zwangssystem als das Ergebnis von Gehirnwäschen, als »Umerziehungsprozeß« zu bezeichnen, war bis vor kurzem den kleinen neonazistischen Splitterparteien und ihren Organen vorbehalten. Grundgesetz und Westbindung sind also von Besatzern aufgezwungen und können endlich als »undeutsch« offenbart werden! Das alles war schon mal.

Es würde zu weit führen, die Beiträge des Sammelbandes im einzelnen zu analysieren. Hans-Helmuth Knütter, Bonner Politikprofessor, warnt, ganz im Sinne der Herausgeber, vor einer »Idealisierung des Westens« und wirft dem westlichen »Ausland« Undankbarkeit gegenüber deutschen Sympathiebekundungen vor. Jochen Thies, außenpolitischer Ressortleiter der *Welt,* weist in seinem Beitrag auf die neue »Wahlfreiheit« hin: »Machtpolitisch gesehen befindet sich die Bundesrepublik Deutschland seit dem Sommer 1992 wieder in jener verdeckten, halbhegemonialen Stellung, wie sie das Bismarck-Reich nach 1871 und Weimarer Republik nach 1922 mit Abschluß des Rapallo-Vertrags besaßen.«

Eckhard Jesse, Politikdozent in Trier, greift Jürgen Habermas an, weil dieser mit seiner Warnung vor der Aufgabe der Westbindung angeblich einen »Popanz« aufgebaut habe. Das Buch, in dem Herr Jesse seinen Beitrag veröffentlicht, beweist indes die Berechtigung der Warnungen Habermas' im Übermaß.

In der Geschichte der Bundesrepublik hat es einen so massiven und über weite Strecken auch intelligent geführten Angriff auf die Westbindung bisher nicht gegeben. Zwar wird an keiner Stelle der Austritt aus der Europäischen Union oder NATO ausdrücklich gefordert. Auch von Neutralität oder einem neuen Großdeutschen Reich zwischen den Welten ist nicht die Rede. Aber das alles wird nahegelegt, auf vorsichtige Weise freilich. Mit dem Buch wollen die Herausgeber nicht schockieren, sondern langsam und sicher den Weg für eine neue Außenpolitik ebnen. Die intelligenten Reaktionäre und Revisionisten wollen um jeden Preis salonfähig werden. Wie immer finden sie im bürgerlichen Lager »nützliche Idioten« und fahrlässige Ignoranten.

So hat es am rechten Rand der Unionsparteien immer wieder unverbesserliche Wanderer auf Sonderwegen gegeben. Gegen die ausdrückliche Politik von Bundeskanzler Kohl, der in der Tradition Adenauers stets an der Priorität der Westbindung festhielt, die Zugehörigkeit der Wertegemeinschaft NATO sogar zur »Staatsraison« erklärte und nie bereit gewesen wäre, das Ziel der europäischen Einheit aufzugeben, stritten einzelne Unions-Abgeordnete in den achtziger Jahren für alte Sonderwege. Heinrich Lummer forderte die »Neutralität Deutschlands als Preis für eine Wiedervereinigung«, Bernhard Friedman zog mit der Parole »Einheit statt Raketen« gegen die gemeinsame westliche Verteidigungspolitik zu Felde, und Jürgen Todenhöfer erklärte schlicht seinen politischen Schwerpunkt: »Wiedervereinigung vor der Einheit Europas«.

Nach der Wiedervereinigung werden deutsch-nationale Strömungen in der Union stärker. Sie zeigen sich insbesondere in einer zunehmenden Skepsis gegenüber dem europäischen Einigungsprozeß, was im nächsten Kapitel näher dargestellt wird. Noch sind solche Tendenzen eine klare Minderheitenposition, im Zaum gehalten vor allen Dingen durch den eindeutigen prowestlichen Kurs von Bundeskanzler Helmut Kohl. Was aber passiert, wenn er einmal nicht mehr da ist? Werden seine Nachfolger die Kraft haben, ein massenhaftes Abbiegen auf den in schweren Zeiten besonders attraktiv scheinenden deutschen Sonderweg zu verhindern?

Fast noch stärker als im rechten politischen Spektrum tritt eine traditionelle Abneigung gegenüber dem Westen in der Linken zutage. Die Denkmuster der *Konservativen Revolutionäre* finden sich in ganz ähnlicher Form in Teilen der Linken wieder. Das gilt für den Kulturpessimismus Oswald Spenglers genauso wie das Freund-Feind-Denken Carl Schmitts, vor allem aber für die Verachtung der parlamentarischen Demokratie, wie sie bei Arthur Moeller van den Bruck zum Ausdruck kommt. Beeinflußt von neomarxistischer Ideologie hatte die Studentenbewegung Ende der sechziger und Anfang der siebziger Jahre als erste die Verbindung der Bundesrepublik mit Westeuropa und Amerika einer grundsätzlichen Kritik unterzogen. Vietnamkrieg und Watergateskandal wurden als Beweis für die Aggressivität und Korruptheit des kapitalistischen Systems gebrandmarkt, als dessen Speerspitze das US-amerikanische Monopolkapital galt. In der marxistischen Imperialismustheorie fanden viele junge Menschen und Intellektuelle *das* Erklärungssystem für alle Schandtaten dieser Welt: Das Großkapital der »westlichen Metropolen« müsse sich neue Absatzmärkte und billige Arbeitskräfte sichern und unterdrücke zu diesem Zweck die Völker der Dritten Welt. Die Ausbeutung fremder Erdteile geschehe nicht mehr durch Kolonien, sondern durch die Einsetzung von Marionetten-Regierungen und die Etablierung einer »Brückenkopf-Bourgeoisie«. Scheitere die friedliche Durchsetzung der Interessen des Kapitals, dann würden die Staaten des Westens, mit den »Imperialisten der USA an der Spitze« notfalls auch bereit sein, mit militärischer Macht vorzugehen. Herbert Marcuse zum Beispiel prangerte die »Verfettung der Menschen« im Westen an und sprach von einem Gefühl »unerträglichen Ekels« angesichts der Tatsache, daß die Industriegesellschaften des Westens »den gesellschaftlichen Reichtum mißbrauchen und verschleudern, während sie außerhalb der Metropolen das Elend und die Unterdrückung intensiv weiter betreiben«.

In der antiwestlichen , vor allem antiamerikanischen Wendung liegt einer der tragischen Irrtümer der deutschen Studentenbewegung von 1968. Die amerikanischen Kommilitonen gingen auch gegen den Vietnamkrieg oder die Aus-

111

beutung der Dritten Welt auf die Straße. Sie beriefen sich dabei aber auf die demokratische Verfassung und die Menschenrechtstradition der USA. Sie klagten die politische Führung ihres Landes an, die Werte der amerikanischen Revolution zu verraten und forderten die radikale Einhaltung von Verfassungsprinzipien. Auch in der Außenpolitik müsse die amerikanische Nation den Grundsätzen ihrer Gründer treu bleiben.

Demgegenüber entwickelte sich der zunächst antiautoritäre Studentenprotest in Deutschland schnell in einen antiparlamentarischen und antiwestlichen Dogmatismus. Während der Protest in Amerika im ganzen gesehen friedlich verlief, hielt an deutschen Universitäten schon bald »Gewalt gegen Sachen«, Intoleranz und Haß ihren Einzug. Neben den bleibenden Verdiensten des Studentenprotestes wie der Reform der Ordinarienuniversität, dem Abbau obrigkeitsstaatlicher Strukturen, der Diskussion über die deutsche Geschichte oder dem Streben für die Gleichberechtigung der Frau führten einige ihrer geistigen Ausläufer zu manifester Gewalt. Auch wenn viele »Linke« es bis heute nicht wahrhaben wollen: Die Gewalt von maoistischen Kadergruppen und später der RAF speiste sich aus der Verachtung gegenüber dem kapitalistischen Westen, der angeblich stets zum Faschismus tendiere. Damals, allerdings auch wieder heute, ist Hartmut von Hentig recht zu geben: »Es gibt Schreibtischtäter; es gibt Theorien, die die Anwendung von Gewalt rechtfertigen und aus jungen Leuten, wenn schon nicht Terroristen machen, so ihnen doch helfen, den Terrorismus zu rechtfertigen. Solche Schreibtischtäter sollte man beim Namen nennen und zeigen, wo und wie ihr Wort zu Gift geworden ist.« (1977) Seit der Studentenbewegung ist antiwestliches Denken in der politischen Linken bestimmend geblieben. Es zeigte sich etwa im radikalen Protest gegen die Stationierung amerikanischer Mittelstreckenraketen als Antwort auf die in der ehemaligen DDR stationierten SS-20-Raketen. Es wurde deutlich in den damit einhergehenden Theorien einer »Äquidistanz« Deutschlands gegenüber den Supermächten USA und UdSSR, wobei zwischen dem freiheitlichen Charakter des westlichen und dem totalitären Kern des östlichen Systems nicht mehr unterschieden wurde. In Westberlin und in New York konnte man gegen die »Atomrüstung« der USA demonstrieren, in Ostberlin und Moskau wanderte man für Widerspruch gegen sowjetische Aufrüstung für lange Zeit ins Zuchthaus. Die antiamerikanische Einseitigkeit großer Teile der Linken in Deutschland zeigte sich auch im selektiven Protest gegen Menschenrechtsverletzungen. Geschahen sie in der Einflußsphäre Amerikas, etwa in Chile oder in El Salvador, so konnte man mit entschiedener Opposition immer rechnen. Die brutale Repression der Bürgerrechtler in Osteuropa oder Kuba wurde dagegen verdrängt und verharmlost.

Die gleiche Verzerrung des Denkens zeigte sich erneut während des Golfkrieges 1990/91. Sollte man zulassen, daß ein unabhängiger Staat von einem tyrannischen Nachbarn überfallen wird? Hätte ein solches Beispiel nicht Schule gemacht? Mußte es nicht gerade die Lehre aus der Entstehung des Zweiten Weltkrieges sein, landgierigen Diktatoren sofort und entschieden entgegenzutreten? Oder hätten die Amerikaner erst warten sollen, bis Saddam Hussein über eine Atombombe verfügte? Statt die USA und die Golfkoalition zu unterstützen, zumindest politisch-moralisch, kam es zu Großdemonstrationen gegen den angeblichen Völkermord Amerikas. Hatte die »Friedensbewegung« beim Überfall auf Kuwait geschwiegen, so prangerte sie jetzt um so lautstärker die von den Vereinten Nationen geforderte militärische Befreiung an. Das alte Feindbild stimmte wieder, und in Anknüpfung an die Imperialismustheorie wurde formuliert: »Kein Blut für Öl.« Die Botschaft der Demonstranten an die Bundesregierung war klar: Wenn Amerikaner, Franzosen, Engländer, ja sogar kleinere Länder wie Holland oder Griechenland sich an der Zurückdrängung Iraks beteiligen, wir Deutsche jedenfalls müssen uns heraushalten. Selbst als der Irak den Staat Israel mit Raketen beschoß, blieben die meisten »Linken« bei ihrer Haltung, Ausnahmen – wie Hans Magnus Enzensberger und Wolf Biermann – bestätigen die Regel. Was ist das anderes als das altbekannte antiwestliche Sonderbewußtsein?

Auch die Ablehnung der deutschen Sozialdemokraten gegenüber einer Beteiligung der Bundeswehr an friedenschaffenden Maßnahmen der Vereinten Nationen ist letztlich eine Auswirkung dieser Sonderstellung. Die Position wird mit hehren Motiven begründet. Vor dem Hintergrund der jüngsten deutschen Geschichte wolle man nicht wieder Kanonenbootpolitik betreiben und eine Interventionsarmee unterhalten. Aber solange die Bundesrepublik Mitglied in UNO, NATO, WEU, KSZE und EU ist, geht es bei der sogenannten »out of area«-Frage nicht um eine Neuauflage von großdeutschem Imperialismus. Es geht vielmehr darum, daß die Deutschen wie Amerikaner, Engländer, Franzosen, Belgier, Italiener und Spanier auch eine Mitverantwortung für Frieden und Freiheit in der Welt übernehmen müssen. Mit welchem Recht fordern wir wie selbstverständlich die führende Mitwirkung Deutschlands beim weltweiten Kampf gegen die Aufheizung des Erdklimas oder für die Linderung von Hunger nach Dürrekata-strophen – und lehnen andererseits globale Verantwortung strikt ab, wenn es um die in Extremfällen auch notwendige militärische Herstellung von Frieden und Freiheit geht? Wenn die Deutschen das den anderen allein überlassen, gehen sie einmal mehr einen Sonderweg. Auch die wieder-holte rhetorische Beteuerung des Gegenteils ändert daran nichts. Bei den westlichen Partnern ist bereits von einer deutschen »Verweigerungskultur« die Rede.

Aber auch unabhängig davon hat es innerhalb der Sozial-demokratie eine dezidiert nationale und antiwestliche Posi-tion immer gegeben. In der Nachkriegszeit reicht sie zurück bis zu Kurt Schumacher, dem die nationale Frage wichtiger war als die Westbindung und der Adenauer als »Kanzler der Alliierten« beschimpfte. Erst gegen Ende der fünfziger Jahre schwenkten die Sozialdemokraten auf den ungelieb-ten Westkurs ein. An den Rändern hielt sich aber stets auch eine nationalistische Linke. Herbert Ammon und Peter Brandt veröffentlichten einen einflußreichen Sammelband zum Thema »Die Linke und die nationale Frage« (1981), Wolfgang Venohr gab ein Buch über »Die deutsche Einheit kommt bestimmt« (1982) heraus. Der Schriftsteller Martin Walser hatte schon 1978 sein tiefes »Bedürfnis nach Deutschland« bekundet. Sachsen und Thüringen sind für ihn »tief hinunterhallende Namen, die ich nicht unter Ver-lust buchen kann«.

Im gleichen Jahr erschienen in der Zeitschrift *Tintenfisch* Klagen linker Autoren über fehlendes Deutschtum: »Wur-den je auf einer Veranstaltung der Neuen Linken die Natio-nalfarben gezeigt?« fragte Hermann Peter Piwitt in einem Aufsatz »Einen Kranz niederlegen am Hermanns-Denk-mal«, und Adolf Dresen bekundete offen seinen »Neid«

115

darüber, »wie die jungen Leute in östlichen Ländern ihre Volkslieder singen«. Bei einem Treffen mit lettischen Schauspielern habe er erlebt, daß einer die »Loreley« auf deutsch sang, plötzlich aber steckenblieb und bittend auf seine deutschen Kollegen sah – von denen allerdings niemand aushelfen konnte.

Heute propagiert die *Junge Freiheit* in ihrem »Buchdienst« u. a. die Werke von Sozialdemokraten wie Tilman Fichter über »die SPD und die Nation« oder Brigitte Seebacher-Brandt »Die Linke und die Einheit« sowie das Buch von Peter Brandt und Dieter Groh »Vaterlandslose Gesellen« über die nationalen und antinationalen Traditionslinien der SPD. Es fehlt nicht einmal an Versuchen, einen Europäer und Weltbürger wie Willy Brandt national umzudeuten. Margarita Mathiopoulos hat dazu ausgeführt: »Wer aus Brandt einen Deutschnationalen macht, der vergeht sich an seinem Erbe.«

Noch halten die Mehrheiten in den großen Parteien an europäischer Einigung und Westbindung fest. Noch wehrt sich die Mehrheit der politischen Elite gegen ein neues »Deutschland zuerst«-Denken. Aber der postnationale Nachkriegskonsens bröckelt. Eine Anfang 1994 veröffentlichte Studie der *Rand*-Corporation, eine der angesehensten Denkfabriken Amerikas, kommt zu dem Schluß, daß 1993 nur knapp die Hälfte der Westdeutschen und nur 15 Prozent der Ostdeutschen eine Truppenpräsenz der Amerikaner in der Bundesrepublik wünschten. 1992 waren es noch fast ein Viertel der Ostdeutschen und gut zwei Drittel der Westdeutschen. Zwar räumt die Studie ein, daß es in Deutschland nach wie vor ein beachtliches Ausmaß von Sympathie gegenüber den USA gibt und die strategische Orientierung der Bundesrepublik im ganzen prowestlich

116

bleibt. Dennoch muß das Augenmerk verstärkt auf die Tatsache gelenkt werden, daß die nationalistischen Einbrüche in die Gedankenwelt der politischen Rechten sich mit traditionellen antiwestlichen Strömungen der Linken verbinden könnten. Auch wenn nicht verkannt wird, daß die Motive für das Einschwenken auf einen neuen Sonderweg auf beiden Seiten des politischen Spektrums durchaus verschieden sind, so könnten sich die ganz unterschiedlichen Denkansätze in ihrer Wirkung doch ergänzen und eine beträchtliche Lockerung, vielleicht sogar Loslösung von den Zielen der europäischen Einheit und der atlantischen Partnerschaft nach sich ziehen.

Die Berührungspunkte zwischen rechter und linker Fundamentalkritik an dem sich angeblich pulverisierenden westlichen Liberalismus sind deutlich erkennbar. Die *Junge Freiheit* bezieht sich ganz ausdrücklich auf die 68er Studentenrevolte, die man als »Vorläufer« sieht und mit umgekehrtem Vorzeichen beerben möchte. Die APO wird als »Plädoyer für die deutsche Mitte« betrachtet, selbst in den Schriften von Rudi Dutschke werden Ansatzpunkte zu einem »linken Patriotismus«, zu einem spezifischen »deutschen Sozialismus« gewürdigt. In einem Artikel »Sehnsucht nach Schicksal« im *Kursbuch* offenbart sich für Horst Domdey die Faszinationskraft der *Jungen Freiheit* für die politische Linke. Da wird der »Reiz der Desillusionierungen« der *Konservativen Revolutionäre* gelobt, das basisdemokratische Argumentieren gegen den Vertrag von Maastricht hervorgehoben und die radikale Systemkritik an der »liberalistischen Verwestlichung« und der »Amerikanisierung« gewürdigt. Die *Junge Freiheit*, die inzwischen an jedem dritten Kiosk der Berliner Innenstadt zu kaufen sei, spreche das jugendliche Publikum einer »zivilisations-

117

kritischen Gefühlslinken« an. Und in der Tat könnte ein Zitat aus der *Jungen Freiheit* direkt aus der Feder früherer APO-Denker stammen: »Im späten Kapitalismus herrscht der totale Markt. Der Toyota-Gesellschaft des kommenden paneuropäischen Großreichs ökonomischer Version scheint eine epochale Versöhnung von Geld und Geist gelungen.«

Die *Junge Freiheit* selbst plädiert dafür, die alte »Rechts-Links-Einteilung« aufzugeben. Schließlich hätte es nichts mit einer reaktionären Einstellung zu tun, die »durch Liberalismus zerstörten Normen und Wahrheiten zurückzuholen«. Auch wenn sich Herr Domdey schließlich doch von der *Jungen Freiheit* distanziert, so bleibt doch eine gewisse Anerkennung für das »Aufbruchsdenken von rechtsaußen« offensichtlich, nicht zuletzt in seinem Satz: »In dem Aufstand gegen die fortschreitende Internationalisierung von Kapital und Kultur soll '68 die Dynamik liefern, den Geist aber die Konservative Revolution.«

Es ist durchaus wahrscheinlich, daß das Verhältnis zwischen nationalem, europäischem und kosmopolitischem Denken zu tiefgreifenden politischen Auseinandersetzungen in Deutschland führt, in deren Verlauf das traditionelle politische Rechts-Links-Schema gänzlich unbrauchbar wird. Es kann keineswegs ausgeschlossen werden, daß dies zu völlig neuen politischen Konstellationen führt, neue Koalitionen ermöglicht und Frontstellungen bewirkt, die die bekannten politischen Trennungslinien korrigieren oder überwinden. Die liberalen »Kinder der Aufklärung« könnten sich zu enger Zusammenarbeit über bisherige Gräben hinweg gezwungen sehen, um den Armin Mohlers und Botho Strauss' entgegenzutreten.

Die nationalistische Versuchung

Gleich nach Ende des Kalten Krieges drang der schon fast für ausgerottet erklärte nationale Virus in den nach vier Jahrzehnten Sozialismus geschwächten osteuropäischen Körper ein. Er hatte leichtes Spiel, denn in manchen Gegenden, zumal im Südosten des Kontinents, war das Immunsystem völlig zusammengebrochen. Das ehemalige Jugoslawien wurde infiziert. Eine schwere Verwundung entstand, und seitdem fließt das Blut in Strömen. Ein Gegenmittel ist weit und breit nicht in Sicht. Auch an anderen Stellen des Körpers zeigen sich besorgniserregende Anzeichen der nationalistischen Seuche, die viele nach dem Grauen zweier Weltkriege schon für »endgültig besiegt« erklärt hatten. Plötzlich brechen wieder ethnische und nationale Konflikte aus, die der Kampf der Ideologien lange unterdrückt hatte. Überall im Körper entstehen neue Krisenherde, und die eilig zusammengemixten Impfstoffe – in Form von Wirtschaftshilfen oder Blauhelmsoldaten – vermögen das Ausbreiten der Krankheit kaum aufzuhalten. Man kuriert an Symptomen, anstatt die Wurzeln der nationalistischen Pest herauszureißen.

Inzwischen hat sich auch Westeuropa angesteckt. Frankreich hat seinen ersten Anfall – die Wahlerfolge Le Pens – bereits hinter sich, in Belgien gibt es einzelne Entzündungen, und Italien ist bereits vom Fieber geschüttelt. Auch die

Bundesrepublik Deutschland ist von den nationalen Bakterien befallen. Relativ schnell wurden die Abwehrmechanismen an den Rändern durchstoßen, die Epidemie beginnt den Kern zu bedrohen. Werden ethnische und nationalistische Gefühle wieder über republikanische und europäische Vernunft triumphieren?

Zunächst kommt das nationalistische Übel schleichend daher – wie eine Sucht, die fürs erste behagliche Gefühle in einer schwierigen Welt vermittelt. Anfänglich sind es weiche Drogen mit harmlosem Etikett. Gesundes Nationalgefühl, geläuterter Patriotismus, normale Vaterlandsliebe. Aber dabei bleibt es zumeist nicht. Nach einiger Zeit wächst der Wunsch nach intensiverer Dosierung und härteren Drogen. Plötzlich wird die eigene Nation verherrlicht und die benachbarte Nation verachtet: »National zu sein, ohne nationalistisch zu werden, das muß mißtrauisch beobachtet werden wie anonyme Alkoholiker, die behaupten, nur ein Gläschen trinken zu wollen.« (Cordt Schnibben)

Die Grenzen zwischen »natürlichem Nationalgefühl« und aggressivem Nationalismus haben sich in der Vergangenheit stets als fließend erwiesen, zumal in Deutschland. Selbst diejenigen, die chauvinistische Töne ausdrücklich ablehnen, könnten sich bald mit einer Situation konfrontiert sehen, in welcher der Patriotismusbegriff zur Keule gegen »vaterlandslose Gesellen« wird, in der der Stolz aufs eigene Land zum hochmütigen Blick auf die anderen herab verkommt und wo die Herstellung eines normalen Nationalbewußtseins in erster Linie aus der Abgrenzung *gegen* Nachbarn erwächst. Kurz: Das Nationale ist schwer dosierbar. Es entwickelt eine gefährliche Eigendynamik: Die nationalen Geister, die man rief, wird man nur schwer wieder los.

Das Nationale besitzt eine ungeheure Kraft, nichts läßt sich leichter gebrauchen und mißbrauchen – vor allem deshalb, weil die emotionale Identifikation mit dem Nationalen alle anderen, vernunftmäßig begründeten Loyalitäten zu überlagern droht. Hat Grillparzer nicht recht mit seinem Stoßseufzer: »Von Humanität durch Nationalität zur Bestialität?« Der Nationenbegriff hat, vor allem, wenn er im ethnischen Sinne zugespitzt wird, einen antiaufklärerischen Kern. Er bedroht Frieden und Freiheit.

Die Pflege des Nationalen, selbst wenn es als »gesund« daherkommt, wird vor allem in Krisenzeiten problematisch. Je größer und unlösbarer die Krisen der Zeit erscheinen, desto stärker bietet sich der Nationalismus als Ablenkungsmittel an, als haltbietende, gemeinschaftsstiftende und sich nach außen abschottende Ideologie. Die Entfesselung des Nationalen führt fast unweigerlich zu neuen Mythen und Feindbildern.

Sind wir zum Beispiel wirklich vor der Versuchung gefeit, die Asylbewerber für Wohnungsnot und Arbeitslosigkeit schuldig zu sprechen – anstatt unsere Wirtschafts- und Wohnungspolitik? Halten wir uns nicht heute schon in der Europäischen Union für die Besten und Tüchtigsten, an denen sich alle anderen gefälligst zu orientieren haben? Würde die europäische Einigung mehrheitsfähig bleiben, wenn klar würde, daß sie nicht überall unter deutschem Vorzeichen verwirklicht wird? Klingen nicht heute schon wieder alte paternalistische Haltungen gegenüber den slawischen Völkern in Mittel- und Osteuropa durch, etwa wenn der Berliner Historiker Arnulf Baring in seinem 1991 veröffentlichten Buch »Deutschland, was nun?« schreibt: »Weder Deutsche noch Polen können oder sollen vergessen, in welchem Maße diese Räume (die ehemaligen deutschen

121

Ostgebiete) deutsch geprägt sind. Deutschland ist längst in ganz Osteuropa vom Schreckgespenst zum bewunderten Vorbild geworden. Wenn man die Polen ließe, würden sie sich vermutlich mit großen Mehrheiten der Bundesrepublik anschließen.«

Eine Speerspitze für das neue nationale Denken in Deutschland bildet heute ein Teil der Herausgeberschaft und Redaktion der *Frankfurter Allgemeinen Zeitung*. Friedrich Karl Fromme nennt die rechtsradikalen Reps eine »konservative Partei«, Eckhard Fuhr sieht in der Postleitzahlen-Reform von 1993 »Größeres«, nämlich die »postalische Einheit des Vaterlandes«, ein »patriotisches Exempel«. Ernst-Otto Maetzke schwärmt in Anlehnung an Ernst Moritz Arndt von »des Volkes Seele«, die angeblich in seiner Sprache lebt. Darüber darf man, so Maetzke, ruhig und offen sprechen: »Auf deutsch unter Deutschen.« Die Kampagne des Johann Georg Reißmüller für die friedlichen und menschenfreundlichen Kroaten und gegen die ekelhaften und »uneuropäischen« Serben trug Züge von alten »Serbien-muß-sterbien«-Parolen, ganz zu schweigen von den Annoncen der *Jungen Freiheit* in der *FAZ* und ihrer Leserbriefspalte, in der rechtsradikale Zuschriften immer wieder gerne veröffentlicht werden.

Hier werden ideologische Fetzen von rechtsaußen ein wenig entschärft, etwas aufpoliert und zur bürgerlichen Mitte weitergereicht. So werden die Themen der Rechtsradikalen in der bürgerlichen Mitte salonfähig. Die Mitte wird publizistisch nach rechts verschoben, plötzlich erscheinen Rechtsradikale als Rechtskonservative, Reaktionäre als Wertkonservative und Heiner Geißler, Rita Süßmuth u. a. als »Linke«. Ja es gelingt den *FAZ*-Verantwortlichen sogar, die »Linksabweichler« für schlechte Wahlergebnisse der Union verantwortlich zu machen. Dabei hat Rita Süßmuth relativ wenig mit der Berechenbarkeit unserer Finanz- und Wirtschaftspolitik zu tun. Heiner Geißler war nie Innenminister, und dennoch vermitteln manche Leitartikel der *FAZ* den Eindruck, als habe er jeden Asylbewerber persönlich ins Land gelockt. Vor allem die »fremdartigen« (*FAZ*).

Was ist in einem Lande geschehen, wo Lichterketten gegen rechtsextreme Mordtaten mit Fackelzügen von Nazis verglichen werden? Wie konnte es wieder dazu kommen, daß ein führender Landesminister in den Krawallen von Rostock einen »berechtigten Volkszorn« erspähte, und wie erklärt sich, daß »brave Bürger« junge Leute mit Geld dingen, ein Ayslbewerberheim anzuzünden? An wen soll man sich noch halten, wenn selbst der *Spiegel*-Herausgeber Rudolf Augstein die Juden bezichtigt, in Bonn die Hand aufzuhalten und gleichzeitig in Jerusalem die Deutschen zu beschimpfen? Oder wenn der gleiche, ach so progressive Augstein in einem Kommentar die grundsätzliche Andersartigkeit der Türken hervorhebt: »Sie gehören einem Kulturkreis an, der mit dem unseren vor und nach Prinz Eugen nichts gemein hat. Man stelle sich ein EG-Europa à la Maastricht vor, in dem die Türken einmal Dänen, Engländer, Franzosen oder Spanier werden könnten, ohne doch in den Kulturgärten dieser Länder zu wurzeln.«

Sind solche Äußerungen von gebildeten Menschen nicht besorgniserregender als selbst die 4 000 rechtsextremistischen Gewalttaten, die 1992 und 1993 begangen wurden (mit 25 Toten)? Müssen uns die Bürger, die angesichts brennender Asylbewerberheime Beifall klatschen, nicht stärker beunruhigen als die Brandleger selbst? Und könnte es vielleicht sein, daß keine oder jedenfalls viel weniger Brände gelegt würden, wenn niemand applaudierte, keiner Verständnis hätte und nirgendwo klammheimlich sympathisiert würde? Vielleicht gäbe es weniger brutale Neonazis, wenn ein großartiger Schriftsteller wie Martin Walser sie nicht als »Skinhead-Buben« verharmlosen würde, als »Protestierer«, denen es an kommunikativem Zuspruch fehle und die nur deshalb brandschatzten, weil »das Nationale durch uns alle vernachlässigt worden ist«.

Die Morde von Mölln und Solingen sind nicht unzusammenhängende und vereinzelte Untaten, sondern sie entstammen einem nationalistischen Klima. Es mögen jeweils Einzeltäter sein, aber sie kommen nicht aus dem Nichts: »Rechtsextreme Gewalt, so gedankenarm sie auch wirkt, ist doch politisch motiviert.« (Richard von Weizsäcker)

Die linksextreme Gewalt und der Terror der RAF in den siebziger Jahren waren nicht ohne Helfershelfer, Rechtfertiger, Stichwortgeber und Verharmloser denkbar. Dasselbe gilt heute für die rechte Gewalt, auch da gibt es ein Umfeld. Allerdings ist Vorsicht geboten. Genauso wie es damals falsch war, jeden linken Theoretiker und marxistischen Denker zum Sympathisanten der linken Terroristen zu stempeln, so darf heute nicht jeder rechte Intellektuelle und nationale Schreiber zum Wegbereiter der Gewalt der rechten Extremisten erklärt werden. Aber heute wie damals gilt, daß es eine Mitverantwortung derjenigen gibt, die Theorien verbreiten und dabei die »unbeabsichtigte, aber implizit angelegte Konsequenz fahrlässigerweise ignoriert haben«. (Jürgen Habermas, 1977)

In den siebziger Jahren argumentierten die Ideologen mit einem »Widerstandsrecht« gegen die »strukturelle Gewalt« des Staates. Heute argumentieren rechte Ideologen mit einer »Notwehr gegen die Überfremdung«. Solche

Theorien können nur zu leicht zu Waffen werden. Denkfreiheit muß bestehen bleiben, auch die Möglichkeit, seine Meinung dann zu sagen, wenn sie die gesellschaftliche und politische Ordnung grundsätzlich in Frage stellt. Aber wer es vermeidet, nach links und rechts klare Trennungslinien zu ziehen, wer Zweideutigkeiten zuläßt – der muß sich den Vorwurf einer Mitschuld an politischer Gewalt gefallen lassen.

Aber kann man das Nationale so einfach ignorieren? Darf man es den »Rechten« überlassen? Müssen nicht die Parteien der Mitte das Thema besetzen und interpretieren, um es vor radikalem Mißbrauch zu schützen? Dieses Argument wird ernsthaft und ehrlich benutzt – bei den Unionsparteien, aber auch auf der politischen Linken in Deutschland. So sehr fürchtet man sich auf allen Seiten des politischen Spektrums vor der Neuen Rechten, daß man auf allen Seiten zu einem Wettlauf um die Besetzung des Nationalbegriffs gestartet ist. Wolfgang Schäuble ist kein überzeugter nationaler Ideologe, sondern er glaubt aufrichtig, mit der rhetorischen Beschwörung der »nationalen Schicksalsgemeinschaft« die Repse kleinhalten zu können. Theo Waigel ist zwar für die Verträge von Maastricht, zumal für die europäische Währung, aber auch er ist der Überzeugung, daß verbale Verbeugungen nach rechts den Radikalen das Wasser abgraben könnten.

Innerhalb der SPD wird die Auffassung vertreten, daß man das nationale Thema nicht der Union überlassen könnte, und so beginnen linke Intellektuelle wie Klaus Hartung von einer »praktischen Auffassung des Nationalbewußtseins« zu sprechen, und davon, daß das Thema der Nation nicht der Rechten gehöre. Zwar gehe es nicht um ein Programm des patriotischen Enthusiasmus zur Ablenkung von der

Misere im geeinten Deutschland, aber doch um die Heranbildung einer neuen nationalen Identität, die durch mehr »Zutrauen zu den Zäsuren der Geschichte« gekennzeichnet sein soll und die »vergangenheitshörige Apologie des deutschen Unheils« überwinden muß. Gabriele von Arnim teilt die Furcht, daß die bislang von links geforderte »Deutschferne« einen »trotzigen Teutonenstolz« produzieren könne. Sie konstatiert ein »gefährdetes Volk im Vakuum«, dem sie kulturelle Geborgenheit empfiehlt, um der Verführbarkeit zu wehren.

Das Mitglied der Grundsatzprogrammkommission der IG Metall, Wolfgang Kowalsky, fordert, daß die Linke ihr Verhältnis zur Nation überdenken muß. Er vertritt diese Position ausgerechnet in einem Interview mit der *Jungen Freiheit* (!), in der kurz vor und nach ihm Reps-Chef Franz Schönhuber, der frühere NPD-Vorsitzende Martin Mußgnug, der Vorsitzende der *Deutschen Liga für Natur und Heimat*, Harald Neubauer, und der frühere Rep-Sprecher Berlin Carsten Pagel befragt wurden.

Eine besondere Rolle spielt bei der heutigen Nationallinken die Ideologie der Nationalbolschewisten in der Weimarer Republik. Ihr führender Vertreter Ernst Niekisch wollte extremen Nationalismus (Hitler war ihm zu wenig »deutsch«) mit sozialistischen Ideen und einer außenpolitischen Anlehnung an Moskau verbinden.

Auch heute gibt es innerhalb der PDS nationalistisch denkende Kräfte, wie beispielsweise ein Interview ihres Mecklenburger Vorsitzenden mit der *Jungen Freiheit* zeigt. Aber auch der bereits erwähnte Tilman Fichter, immerhin Referent für Schulung und Bildung beim SPD-Parteivorstand, scheint – wie sein jüngstes Buch »Die SPD und Nation« (1993) ausweist – zum Teil von den Ideen der Nationalrevo-

lutionäre beeinflußt. Er sieht die Gründe der angeblichen
»nationalen Enthaltsamkeit« der Deutschen in einem
»Selbsthaß«, den es zu überwinden gelte. Fichter bedauert
den Godesberger Verzicht der SPD, »die nationale Einheit
gegen die Politik von Konrad Adenauer und Walter
Ulbricht durchzusetzen«. Bei Fichter ist von »einer klassen-
übergreifenden Kameradschaft im Schützengraben« des
Zweiten Weltkrieges die Rede. Die sich daraus ergebende
»Frontgeneration« habe schließlich den SDS gegründet.
Wie in Weimar gibt es auch heute wieder »linke Leute, (die)
von rechts(,) und nationale Leute(,die) von links kommen«.

So übertreffen sich alle an nationaler Rhetorik. Zwar füllen
die verschiedenen Lager den Nationenbegriff auf ganz
unterschiedliche Weise, aber einig sind sich die Vertreter des
Nationalen in der Überzeugung, die Menschen nicht dem
Werbefeldzug der Konkurrenten überlassen zu dürfen. Auf
genau diese Art und Weise werden Themen mächtig.

Es gehört schon eine abenteuerliche Naivität zu dem Glauben, man könne mit solch taktischen Kopfgeburten den
gefühlsmäßig überzeugten Nationalisten den Wind aus den
Segeln nehmen. Der Nationalismus ist so stark, so dyna-
misch, so verführerisch – die Hoffnung, eine solche Kraft
mit Vernunft prägen und beherrschen zu können, ist durch
alle geschichtliche Erfahrung widerlegt. Im Gegenteil: Wer
mit hehren Motiven den Nationalismus zu zähmen versucht, der wird früher oder später von ihm gefressen. Es
geht nicht um ein Mitschwimmen im Strom, sondern um
dessen Eindämmung.

Wenn alle nun plötzlich die Nation zum alles beherrschen-
den Thema unserer Zeit erklären – anstatt etwa die demokratische Verfassung, ein friedliches Europa oder den welt-

weiten Schutz der Natur –, dann haben die Rechtsradikalen ihr Spiel schon halb gewonnen. In der Weimarer Republik jedenfalls ist der Versuch kläglich gescheitert, die Nationalsozialisten dadurch zu bekämpfen, daß man ihre radikale Ideologie in etwas gemäßigterer Form ebenfalls propagierte. Kurt Sontheimer hat 1966 (!) in einem Beitrag »Die Wiederkehr des Nationalismus in der Bundesrepublik« im Angesicht einer wiedererstarkten nationalistischen Rechten gezeigt, daß die Strategie, den Radikalen ein aufgeklärtes Nationalbewußtsein entgegenzusetzen, nicht trägt: »Das Rezept, den guten Nationalismus zu pflegen, um damit dem radikalen das Wasser abzugraben, ist gefährlich und falsch. Man kann einen radikalen Nationalismus nicht durch einen gemäßigten neutralisieren und unschädlich machen. Das Aufkommen nationaler Strömungen unter den demokratischen Parteien dient dem Rechtsradikalismus als willkommener Hintergrund für ein entschlossenes Auftreten und eine wirksamere Massenwerbung.«

Fast dreißig Jahre später erweist sich diese Mahnung Sontheimers einmal mehr als brennend aktuell. Vor allem auch diejenigen sollten sich ihr stellen, die den Ruf nach einem gesunden Nationalgefühl damit rechtfertigen, daß schließlich auch Engländer, Franzosen und Amerikaner die Nation an die erste Stelle setzen würden, ganz zu schweigen von Polen oder Russen. Die Betonung des Nationalen sei doch nur Ausdruck der Normalität nach der Wiedervereinigung. Ein grandioses Argument! Heinrich Jaenecke hat zu Recht darauf hingewiesen, daß es sich anhört, »als erkläre jemand, der gerade dem Delirium tremens entkommen ist, er wolle sich nun auch mal, wie alle anderen, ein Schlückchen gönnen«.

In der Tat: Wieso sollen wir uns die gleichen Unarten wieder aneignen, die manche Nachbarn seit langem pflegen? Wieso nicht postnationaler Vorreiter bleiben? Die Bonner Republik hat in den zurückliegenden vier Jahrzehnten mehr als jedes andere Land europäisch gedacht und gehandelt, sich als verläßlicher Partner im westlichen Bündnis erwiesen. Aber haben wir dadurch nicht auch den Interessen der Deutschen am besten gedient, wesentliche Beiträge zum Frieden geleistet und uns als demokratischer Staat wieder Anerkennung verschafft? Welchen rationalen Grund gibt es, zu einem »Deutschland-zuerst«-Denken zurückzukehren? Wieso muß jetzt der Nationalstaat wieder ins Zentrum rücken, wo doch der Erfolg der europäischen Einigung gerade auch aus der Sicht der Deutschen, nicht zuletzt der deutschen Wirtschaft, außer Frage steht? Wir sind in der Geschichte schon oft als die schlimmsten Nationalisten aufgetreten, warum versuchen wir es nicht zur Abwechslung mal als die besten Europäer? Übrigens: Wir müssen gar nicht immer die »Besten« sein. Es würde schon genügen, wenn wir auch in Zukunft als gute Europäer unseren Beitrag leisteten.

Neben eher taktischen und defensiven Rechtfertigungen für die Wiedergeburt des Nationalen wird zunehmend auch ein inhaltliches Argument in der Debatte benutzt: Nation und Nationalstaat seien das »Natürliche«. So argumentierte zum Beispiel Alfred Dregger auf dem CDU-Bundesparteitag 1993 in Berlin: »Die Nation ist keine künstliche, sie ist eine natürliche Ordnung, und sie ist neben der Familie die wichtigste.«

Herr Dregger, ein respektabler Konservativer mit großen Verdiensten, schwärmt von den deutschen Kaisern des Mittelalters, insbesondere von dem Staufer Friedrich II. und Karl V. Beide sind übrigens auch im Vorfeld der Weimarer

Konservativen Revolution hoch verehrt worden, nicht zuletzt im Kreis um den Dichter Stefan George. Ende Januar 1994 vertraute er der katholischen Studentenverbindung *Markomannia* zu Würzburg an, daß er sein Vorbild für das kommende Europa im alten Heiligen Römischen Reich Deutscher Nation sieht. So wie er denken viele.

Aber sind Friedrich II. und Karl V. wirklich »Deutsche«? Hat das Heilige Römische Reich wirklich etwas mit dem heutigen Nationenbegriff zu tun?

Friedrich II. war in den 56 Jahren seines Lebens ganze zweimal in Deutschland. Er hatte italienische, französiche und normannische Vorfahren; der staufische »Blutanteil« war verhältnismäßig gering. Im Alter von 17 Jahren überquerte er die Alpen und eroberte im Sturm die Herzen der Deutschen, die ihn als »das Kind von Pülle« (Apulien) auf seinem Zug rheinaufwärts bejubelten.

Friedrich befand sich in seinem Leben im ständigen Konflikt mit den lombardischen Städten und dem Papst. Um seine Position zu stärken, übertrug er Reichsrechte an die deutschen Fürsten und stärkte damit die Kleinstaaterei. Der Historiker Herbert Nette wertet das wie folgt: »Während sich in Frankreich und England souveräne Nationalstaaten konstituierten, verzögerte sich dadurch die Bildung eines geschlossenen Einheitsstaates Deutschland um mehr als 600 Jahre.« Es ist daher nicht ganz nachvollziehbar, warum deutsch-nationale Kräfte immer versucht sind, sich seiner zu bemächtigen.

Auch Karl V. ist von seiner Herkunft nur schwer als »Deutscher« zu bezeichnen. Er wurde in Gent als Herzog von Burgund und Graf von Luxemburg geboren. Von seiner Tante Margarete von Österreich, der Statthalterin der Niederlande, wurde er auf deren Schloß im niederländischen

Mecheln aufgezogen. Seine Erzieher waren niederländische und spanische Gelehrte. Karl, der seinen Hof in Spanien unterhielt, wurde von deutschen Historikern unterstellt, er habe die Reformation nie wirklich verstanden. »Dazu trug bei, daß er ja kaum Deutsch verstand; Burgund und Spanien, zwei romanische Länder, standen im Zentrum seines Interesses.« (Herbert Nette)

Und das Heilige Römische Reich Deutscher Nation? Was hat diese Bezeichnung mit unserem heutigen Verständnis von Nation und Nationalstaat zu tun? So gut wie nichts. Die damaligen Loyalitätsformen bildeten sich durch die Anhänglichkeit an Lehnsherren und Dynastien, an Reichsstädte und Landschaften, an das Prinzip des Gottes-Gnadentums und Konfessionstreue. Die Adligen aller Länder waren sich untereinander in jeder Beziehung näher als etwa der Adlige und der Bauer innerhalb eines Fürstentums. Es galt nicht als ein »nationaler Verrat«, wenn ein Astronom oder ein Arzt des Mittelalters sich einige Jahre in Florenz und danach einige Jahre in Speyer oder Valladolid verdingte. Am Hofe Peter des Großen gehörten »Deutsche« zu den engsten Beratern, ohne daß man diese in Sachsen oder Hessen-Nassau für übergelaufene Agenten gehalten hätte. Selbst der Freiherr vom Stein diente nach seiner Entlassung aus preußischen Diensten als politischer Berater von Zar Alexander I. und nahm 1815 als Mitglied der russischen Delegation am Wiener Kongreß teil.

Man mag trefflich darüber streiten, ob und inwieweit bestimmte Kulturmerkmale und Traditionslinien ihre Ursprünge bereits bei den alten Germanen, bei den Karolingern, Ottonen, Staufern, Welfen, Habsburgern oder Hohenzollern haben. Gibt es wirklich eine nationale Verbindung zwischen Hermann dem Cherusker und Helmut

Kohl? Oder ist das ein nationaler Mythos? Der Historiker Hans-Ulrich Wehler kommt zu folgendem Ergebnis: »Die Ideologie der Konfessionskriege, der Reichspatriotismus, das alte Staatensystem – sie alle haben mit Nation, Nationalismus und Nationalstaat nichts zu tun. Nation und Nationalismus sind ›soziale Erfindungen‹ Europas. Sie setzten sich erst seit dem Beginn der Moderne durch. Erst seit relativ kurzer Zeit ist der Nationalstaat der weltweit herrschende Staatstypus. Irgendwelche nationalen Grundsubstanzen als ›normal‹ zu erklären, führt in das Labyrinth der Nationalmythologie.«

Das Schlimme ist: Viele Menschen lassen sich heute wieder von den nationalen Legenden blenden. In einer Zeit des Wandels suchen sie Halt und Orientierung in den alten schönen Mythen. Wenn die Familien zerbrechen, die Religion an prägender Kraft verliert, die Vereinsamung in der Arbeits- und Lebenswelt zunimmt – dann können nationale Ideologien nur zu leicht als Rechtfertigung von politischer Herrschaft und zur Integration der Volksgenossen wirken. Dann entsteht plötzlich wieder die Sehnsucht nach den elementaren Ursprüngen – bis hin zu Thor und Odin. Dann kommt die Stunde der Botho Strauss' und Karlheinz Weißmanns, die plötzlich Gemeinsamkeiten mit den über Sechzigjährigen entdecken, die in ihrer Kindheit und Jugend noch durch Siegfried und Hagen geprägt wurden. Spätestens seit ich als Siebzehnjähriger mit Rucksack und *Interrail*-Fahrkarte durch Europa fuhr, bin ich – wie die meisten in meiner Generation – gegen nationale Gefühlsaufwallungen ziemlich resistent. Warum das betonen, was uns unterscheidet, wo es doch viel mehr gibt, was uns eint!

Daß die Zeiten des postnationalen Selbstverständnisses der

Bundesrepublik Deutschland dem Ende zuzugehen drohen, zeigt die Debatte um den Maastricht-Vertrag für die Europäische Union und die zukünftige Gestalt des vereinten Europas. Insbesondere die Währungsunion ist höchst umstritten. Nach einer Forsa-Umfrage vom Juni 1993 sprachen sich nur 31 Prozent der Bürger dafür aus. Es ist wohl in erster Linie dem Engagement von Bundeskanzler Kohl zu verdanken, daß die Vertiefung des europäischen Einigungsprozesses durchgesetzt werden konnte.

Bereits unmittelbar nach der Wiedervereinigung hatte Kohl erklärt, daß nationale und europäische Einheit zwei Seiten einer Medaille seien. Der Kanzler hatte frühzeitig gespürt, daß eine unerhörte Kraftanstrengung nötig sein würde, über die Beschleunigung der nationalen Vereinigung ein Bremsen oder Beenden der europäischen Integration zu verhindern. Als sich im November 1989 die Chance zur Überwindung der Teilung abzeichnete, griff Kohl sofort zu. Mit großer Energie ging er zusammen mit Außenminister Genscher daran, den Einheitsprozeß zu gestalten und abzusichern. Aber er vergaß zu keinem Zeitpunkt, daß die Grundlage für eine Vereinigung in Frieden und Freiheit die Übereinstimmung mit den Verbündeten und Partnern in EG und NATO war. Zweifel an einem Fortbestehen der Westbindung der deutschen Politik ließ er zu keinem Zeitpunkt aufkommen, einen nationalen Sonderweg lehnte er ausdrücklich ab. Das wiedervereinigte Deutschland sollte nicht östlicher werden, das Entstehen einer neuen Mitte auf dem Kontinent lehnte er ab. Die Zukunft Ostdeutschlands läge in Westeuropa. Auf dem CDU-Bundesparteitag im Oktober 1992 wandte sich Helmut Kohl entschieden dagegen, den europäischen Einigungsprozeß zu verlangsamen. Europa sei *die* Schicksalsfrage für Deutschland: »Unsere nationale Zukunft ist noch viel mehr als die der anderen Staaten mit der Entwicklung Europas verknüpft.«

Aber Kohl wußte damals bereits genau, daß diese Meinung in weiten Teilen der Öffentlichkeit und der eigenen Partei auf Skepsis stieß. Er drückte seine Besorgnis darüber aus, daß in der Gesellschaft und der CDU »gelegentlich der Eindruck entsteht, als nähmen wir die europäischen Dinge nicht mehr ganz so wichtig«. Und Kohl sprach von der Gefahr, daß Europa von seiner »unseligen Vergangenheit« eingeholt werden könnte: »Es soll niemand unter uns glauben, daß das Gespenst des Nationalismus und des Chauvinismus in Europa endgültig tot oder nur noch auf dem Balkan zu Hause ist. Ich bezweifle, daß die bösen Geister der Vergangenheit ein für alle Male gebannt sind. Schon heute zeichnet sich im Osten unseres Kontinents zum Teil eine Rückkehr zu nationalistischem Denken ab. Niemand in Deutschland oder im Westen Europas soll überheblich sagen, wir seien von solchen Versuchungen völlig frei.«

Offenbar wußte der Bundeskanzler, wovon er sprach. Denn der Zeitgeist wehte schon seit einiger Zeit wieder in die deutsch-nationale Richtung. Als erster ließ Edmund Stoiber das CSU-Fähnchen in dem neuen Wind flattern. Ende August 1992 schrieb er dem Kanzler einen Brief, in dem er die Entwicklung Europas zu einem Staat als »Irrweg« bezeichnete und statt dessen ein »Europa der Nationen« verlangte. In einem Interview in der *Süddeutschen Zeitung* vom 2. November 1993 legte der bayerische Ministerpräsident nach. Er forderte »den europäischen Integrationsprozeß zu verlangsamen«. Nicht mehr der europäische Bundesstaat, sondern ein »bloßer Staatenbund« solle am Ende der Entwicklung stehen. Europa sei lediglich eine Kopfgeburt. Herr Stoiber räumt ein, mit seinem Vorstoß einen »historischen Bruch in der Tradition der Union seit Konrad Adenauer« zu vollziehen und sich in diesem Punkt auch von seinem Lehrmeister Franz Josef Strauß »abzuwenden«, der noch »mit aller Kraft am europäischen Bundesstaat« arbeiten und »enge nationalstaatliche Denkkategorien« überwinden wollte. Auch einen Konflikt mit dem Bundeskanzler nahm Herr Stoiber in Kauf. Helmut Kohls europapolitisches Engagement führte er auf dessen Lebensweg zurück: »Der junge Helmut Kohl war in einer Zeit aufgewachsen, wo Deutscher zu sein insgesamt oft als belastend empfunden wurde. Deshalb haben viele Deutsche damals eine neue Identität gesucht und glaubten, sie in Europa zu finden.«

Hat Helmut Kohl sein politisches Lebenswerk wirklich auf einem zeitbedingten Irrtum aufgebaut? Mit der deutschen Wiedervereinigung ist nach Auffassung des bayerischen Ministerpräsidenten eine andere Situation entstanden. Nun müsse man sich wieder bewußt werden, was »deutsche Identität« eigentlich ausmache. Das europäische Mäntelchen war offenbar nur Mittel zum Zweck. Es verdeckte die nationalen Kleider nur so lange, wie das eigene Land geteilt war. Folgt man Herrn Stoiber, so hat Westdeutschland über viele Jahrzehnte mit einem künstlichen Bewußtsein gelebt, was vor dem Hintergrund des verlorenen Weltkrieges zwar verständlich, aber eben doch unnatürlich gewesen ist. Vierzig Jahre Bonner Republik – das ist nicht mehr der Höhepunkt in der deutschen Geschichte, sondern ein trauriger Irrweg. Man knüpft, zumindest geopolitisch, an alte Zeiten an, die Bonner Republik wird zu einem Ausrutscher in der deutschen Geschichte.

Edmund Stoiber berief sich bei der Ablehnung der Vision des europäischen Bundesstaates ausdrücklich darauf, daß

auch die CDU im Entwurf ihres neuen Grundsatzprogramms erstmalig von diesem Begriff abgewichen sei. Insofern vollziehe sich der geschichtliche Bruch mit der Europapolitik Adenauers in der »Union insgesamt«.

Hatte Herr Stoiber vor seinem Interview in den jüngsten
Schriften des Historikers Arnulf Baring gelesen? Dieser
hatte zuvor das Ziel des europäischen Bundesstaates als
überholt bezeichnet und sein Konzept für das neue
Deutschland als eine geglückte Synthese aus Bismarcks
Reich und Adenauers Rheinbundstaat beschrieben. »Wir
leben noch immer im Deutschland Bismarcks, aber in der
weltoffenen, republikanischen Fassung, die ihm die Ära
Adenauer gegeben hat.« Baring will die demokratische Verfassung der Bundesrepublik mit der außenpolitischen Mittellage des Bismarck-Reiches verbinden. Kann man von
Politikern wie Herrn Stoiber verlangen, daß sie bei starkem
Gegenwind Kurs halten, wenn schon ein seit Jahrzehnten
ausgewiesener Historiker abdriftet, der sich keiner Wahl zu
stellen hat? Noch Ende der achtziger Jahre hatte Baring
jede Form von Sonderweg als »Größenwahn« abgelehnt.
Nun hat er innerhalb kürzester Zeit eine totale Wende voll-
zogen und sich ohne Skrupel an die Spitze der Bewegung
gesetzt. 1989 noch setzte er sich zum Beispiel äußerst kritisch mit einem Beitrag von mir in der *Frankfurter Allgemeinen Zeitung* zur *kulturellen* Wiederbelebung des Mit-
teleuropagedanken auseinander. Er hatte hier ein Einfalls-
tor für antiwestliches Denken gewittert. Inzwischen gibt es
dieses Tor wirklich, und Arnulf Baring ist bereits hindurch-
geschlüpft.

Aber vielleicht waren es gar nicht solche geostrategischen
Überlegungen, die Herrn Stoiber zu seiner europapoliti-
schen Attacke inspirierten. Seine inhaltliche Kritik an der

Europäischen Union fiel eher dürftig aus: zuviel Zentralismus, zuviel Bürokratie, Regelung zu vieler Details in Brüssel, zu wenig demokratische Kontrolle. Das sind alles Argumente, die auch und gerade die Befürworter eines europäischen Bundesstaates immer wieder vortragen. Warum man aber wegen offenkundiger Fehler im Einigungsprozeß gleich das ganze europäische Modell verwerfen soll – diese Frage hat Herr Stoiber bisher nicht beantwortet.

Vielleicht waren Edmund Stoibers Äußerungen eher durch die nahende bayerische Landtagswahl bedingt? Vielleicht hat er deshalb kräftig gegen Europa gewettert, weil in Bayern die nationalistischen Repse besonders stark sind und sich ein radikaler Gegner der Verträge von Maastricht, Manfred Brunner, mit einer neuen »Bürger-Partei« bemüht, antieuropäische Stimmungen auszubeuten. Was liegt da auf den ersten Blick näher, als die CSU selbst an die Spitze der Europaskeptiker zu setzen? Wenn Herr Stoiber sich aber vor allen Dingen aus wahltaktischen Motiven zu seiner Europakritik entschlossen hat, so zeigt dies doch, daß der jahrzehntelange europäische Konsens in Deutschland offenbar bröckelt. Vielleicht ist er sogar schon ganz gekippt, und es ist nur Helmut Kohl, der durch seine Statur diese Tatsache noch verdecken kann.

In der Union fand Edmund Stoiber neben Kritik auch deutlichen Zuspruch. Steffen Heitmann, für kurze Zeit der Präsidentschaftskandidat der Union, dachte ganz ähnlich. Ende September 1993 erklärte er, ebenfalls in der *Süddeutschen Zeitung*, daß die Idee eines europäischen Bürgers eine »intellektuelle Spinnerei« sei. Der Nationalstaat bleibe in seinen Augen zentral, während der Vertrag von Maastricht »von oben verordnet« wurde und nicht als »das Resultat einer großen Debatte über die Einheit Europas betrachtet werden kann«. Vom europäischen Bundesstaat reden, so Herr Heitmann, »ja nur noch wenige«.

Was sind die tieferen Argumente der Europabremser? Der häufigste und zugleich widersinnigste Einwand gegen eine weitere Vertiefung der europäischen Zusammenarbeit ist der vermeintliche Verlust deutscher Identität. Geht man diesem Vorwurf auf den Grund, erweist er sich schon im Ansatz als grundfalsch. Deutsche Identität wird durch die Europäische Union gestärkt. Die politischen Grundwerte unseres Grundgesetzes und damit die wesentlichen Regeln des Zusammenlebens der Deutschen können in einer zusammenwachsenden Welt nur gemeinsam mit den anderen Demokratien in Europa gesichert werden. Zu den nationalistischen Unsicherheiten aus dem Osten gesellt sich zunehmend ein südlicher Krisenbogen, der eine potentielle Bedrohung für die westliche Zivilsation darstellt. Der islamische Fundamentalismus ist im Vormarsch begriffen. Selbst Länder wie Ägypten und die Türkei leiden verstärkt unter fundamentalistischem Terror, in Algerien droht seit längerem eine Machtübernahme der religiösen Fanatiker.

Der amerikanische Politikwissenschaftler Samuel P. Huntington glaubt, daß das kommende Jahrhundert vom Kampf der Kulturen geprägt sein wird. Auf die Konflikte der *Nationalstaaten* im 19. Jahrhundert und dem von der Auseinandersetzung der *Ideologien* geprägten 20. Jahrhundert folge im 21. Jahrhundert der Konflikt zwischen den unterschiedlichen *Kulturen*.

Die Grundwerte der westlichen Kultur werden durch Staaten und Völker anderer Kulturkreise immer stärker in Frage gestellt. So wird bereits heute der universale Geltungsanspruch der Menschenrechtsidee durch die Länder in anderen Kulturkreisen zunehmend in Zweifel gezogen. Wenn

138

wir Deutschen unsere Vorstellungen von Freiheit und Menschenwürde in der zukünftigen Welt behaupten wollen, so geht dies nur, wenn wir in der Wertegemeinschaft der freien Völker Europas enger zusammenrücken und eine gemeinsame Außen- und Sicherheitspolitik entwickeln. Dies streitet allerdings Edmund Stoiber auch gar nicht ab. Auch er sieht, nicht zuletzt vor dem Hintergrund der Katastrophe auf dem Balkan, die Notwendigkeit einer verbesserten Handlungsfähigkeit Europas in internationalen Angelegenheiten. Wie aber verträgt sich diese mit dem von Herrn Stoiber propagierten Ziel eines losen Staatenbundes, in dem man je nach Interessenlage ein- und austreten kann? Man kann nicht einerseits eine gemeinsame Sicherheitspolitik fordern und andererseits die dazu notwendige Grundlage verweigern, nämlich den europäischen Bundesstaat.

Soweit deutsche Identität kulturell begründet wird, stellt die Angst vor ihrem Verlust insofern eine verkürzte Sicht der Dinge dar, als die wesentlichen Merkmale unserer Identität in Wahrheit nicht deutsch, sondern europäisch sind. Bei allen Unterschieden in den historischen Erfahrungen der einzelnen europäischen Staaten dominiert das Gemeinsame. Wir alle schöpfen aus der griechischen Philosophie, dem Christentum, dem römischen Recht sowie der Renaissance, der Reformation und der Aufklärung. An unserer Identität ist weit mehr europäisch als spezifisch deutsch. Und selbst das, .was uns oft als ursächlich deutsch erscheint, ist stärker durch die jeweilige Region als durch einen deutschen »Nationalcharakter« geprägt. Es ist bayerisch, badisch, sächsisch oder westfälisch.

Niemand will die deutsche Nation europäisch »wegnivellieren«. Natürlich ist die Nationenbildung in Europa geschichtliche Realität. Kenntnis von ihren Ursprüngen und

Traditionslinien ist erforderlich und selbstverständlich auch die Annahme der eigenen Nation. Jedenfalls für die absehbare Zukunft wird auch der Nationalstaat Bedeutung behalten. Aber das um sich greifende »Deutschland-zuerst«-Denken hat in der Welt von heute keine Berechtigung mehr. Das, was uns in Europa verbindet, ist weitaus stärker als das, was uns trennt. Wenn wir diese in den vier Nachkriegsjahrzehnten gewachsene Erkenntnis wieder in Frage stellen, ist das der erste Schritt zu neuen Konflikten und Kriegen auf unserem Kontinent.

Der Nationalstaat des 19. Jahrhunderts hat in der modernen Welt von heute keine Rolle mehr. Er ist zu groß, um die Verwurzelung des Menschen in der Heimat zu schaffen, und zu klein, um die globalen Herausforderungen meistern zu können. In Wirklichkeit wird mit der europäischen Einigung nur nachvollzogen, was in der realen Welt in den vergangenen Jahrzehnten geschehen ist. Durch wirtschaftliche Zusammenarbeit, länderübergreifenden Umweltschutz, gemeinsame Bekämpfung der Kriminalität, Verkehr, Kulturaustausch und Reisen sind wir viel europäischer, als selbst der Vertrag von Maastricht es nahelegt.

Der deutsche Diplomat Hans Arnold irrt deshalb, wenn er die Auflösung von EG und NATO erwartet und die Auffassung vertritt, daß die Europäische Gemeinschaft an die Grenzen ihrer Möglichkeiten gestoßen sei. Die Vertiefung der europäischen Zusammenarbeit darf indes nicht auf Kosten der Demokratie geschehen. Das Europäische Parlament muß entscheidend gestärkt werden. Ein Grund für das in den letzten Jahren gewachsene Mißtrauen gegenüber der EG liegt vor allem darin begründet, daß zu viele Entscheidungen von großer Tragweite ohne ausreichende demokratische Kontrolle und Transparenz gefällt wurden.

Aber nicht das Abbremsen des Einigungsprozesses, sondern die Stärkung der europäischen Demokratie muß die Antwort auf die Europaskepsis unserer Zeit sein.

Die Europakritiker geben vor, gar nicht prinzipiell gegen europäische Zusammenarbeit zu sein, lediglich Tempo und Art in Frage zu stellen. Aber nur wer mit klaren Visionen und Zielsetzungen nach vorne strebt, wird überhaupt etwas erreichen. Wer den Integrationsprozeß aufhalten will, der wird bald merken, daß dieser Versuch zu Rückschritten führt: Nationaler Egoismus würde wieder entstehen, genauso wie eine Neuauflage alter Konflikte. Niemand nehme die in vierzig Jahren gewachsenen Verbindungen und Freundschaften zwischen den europäischen Staaten für selbstverständlich. Aus dem privaten Leben wissen wir, daß Vertrauen zwischen Menschen, das sich über Jahre und Jahrzehnte langsam entwickelte, mitunter in kürzester Zeit zerstört werden kann. Deshalb kann die politische Antwort auf die nationalen Verführungen nur die konsequente Fortsetzung des europäischen Kurses sein. François Mitterrand und Helmut Kohl haben das deutlich erkannt. Wird das auch für die Nachfolger gelten?

Gegen das vereinte Europa wird zunehmend auch mit dem Argument Stimmung gemacht, wir Deutschen seien die »Zahlmeister« Europas. Schon Helmut Schmidt hantierte mit diesem Begriff aus dem verbalen Waffenarsenal des nationalstaatlichen Egoismus. Heute ist eine klare Mehrheit der Deutschen der Auffassung, daß wir Deutschen – großzügig und menschenfreundlich, wie wir nun einmal sind – den ärmeren Ländern des Kontinents seit Jahren Geld schenken, das eigentlich in Deutschland bleiben müßte. Trotz seiner geschwundenen Wirtschaftskraft sei Deutschland der größte Nettozahler Europas. Unabhängig von dem Streit über die wahre Höhe der Beträge darf der Nettobeitrag nicht der Maßstab für Kosten und Nutzen des europäischen Engagements sein. Die indirekten wirtschaftlichen Vorteile der EU bleiben unberücksichtigt, beispielsweise die Handelserleichterungen für die besonders exportorienierte deutsche Wirtschaft. Niemand profitiert von der angestrebten Wirtschafts- und Währungsunion mehr als die Deutschen. Mit Wirtschafts- und Währungsunion werden stabile Absatzmärkte und Arbeitsplätze geschaffen.

Noch stärker als für den wirtschaftlichen Bereich gilt dies für die auswärtige Politik. Hätte es ohne die jahrzehntelange vertrauensvolle Zusammenarbeit in der Europäischen Gemeinschaft eine solche Unterstützung für die Wiedervereinigung gegeben? Führt nicht das feine Netz der europäischen Institutionen, die Wirtschafts- und Währungsunion zur Schaffung politischer Stabilität? Wie kann der Frieden besser gesichert werden? Diese Überlegung gilt zumal für die Osterweiterung. Wenn wir die Grenze der Europäischen Gemeinschaft und der Atlantischen Allianz von der Grenze zwischen Deutschland und Polen weiter nach Osten verschieben, so ist dies nicht zuletzt das unmittelbare Interesse der Deutschen. Wahrscheinlich wird nur eine Erweiterung und Vertiefung der europäischen Zusammenarbeit verhindern, daß sich Konflikte wie der auf dem Balkan auch in anderen Teilen Europas wiederholen. Wie kurzsichtig wirkt die Konzentration der Europadebatte auf den Nettobetrag der deutschen Einzahlungen in Brüssel! Wieviel wert sind uns Frieden, Stabilität und Wiedervereinigung?

Das Gerede vom europäischen Zahlmeister, der Irrglaube, daß andere den guten deutschen Willen ausnutzen und den deutschen Steuerzahler drangsalieren — das alles sind Denkmuster aus der Zeit der zwanziger und dreißiger Jahre. Auch damals haben sich die Deutschen von neidischen und gierigen Nachbarn umgeben gesehen und wehleidige Klage über die ausländische Ausbeutung der Freigebigkeit fleißiger Deutscher geführt. Emil Quentin veröffentlichte 1938 das Buch »Die Deutschen als Volk für andere«, in dem er das »Siegfried-Schicksal« mißbrauchter deutscher Generosität beklagte. Der Deutsche habe immer nur für andere gearbeitet, dagegen nichts für sich erreicht. Auch Joseph Goebbels hatte diesem Gefühl mit dem Bild von dem Deutschen als »Packesel der Welt« massenwirksamen Ausdruck gegeben und den Eindruck vermittelt, als trage der »deutsche Mensch« auf seinem »willigen Rücken die Bürden eines ganzen Erdteils«.

Auch der Glaube an einen Zusammenschluß Europas unter deutscher Führung (heute: »mit deutscher Handschrift«) ist bereits im Umfeld der *Konservativen Revolution* in Weimar immer wieder geäußert worden. In seinem Werk über »Die Elemente der Staatskunst« äußerte Adam Müller 1922: »Der große Bund europäischer Nationen wird eines Tages Wirklichkeit werden, und, so wahr ich lebe, die deutsche Flagge hissen, denn alles Große, alles Tiefe, alles Dauerhafte an europäischen Institutionen ist deutsch.«

Hüten wir uns vor der Wiederkehr solcher Gedanken, auch wenn sie in gemäßigter Form daherkommen! Wir Deutsche sind weder die Altruisten Europas noch zur Vorherrschaft auf dem Kontinent auserwählt. Die Zahlmeisterklage und der Anspruch auf eine höhere Sendung gegenüber den Untüchtigen – beides kann eine gefährliche Wirkung entfachen und den Fortschritt für Frieden und Freiheit der letzten vierzig Jahre zerstören. Das Wohlergehen der Deutschen ist von der europäischen Zukunft noch weniger zu trennen als je zuvor. Es gibt deshalb keinen Grund, die Vision des europäischen Bundesstaates aufzugeben und den Nationalstaat erneut ins Zentrum zu rücken.

Voraussichtlich werden die einzelnen Staaten in Europa noch lange eine Rolle behalten, etwa hinsichtlich der rechtlichen Durchsetzbarkeit der Menschenrechte, der Freiheit und der sozialen Gerechtigkeit. Da die großen Ziele der Aufklärung einer institutionellen Verankerung bedürfen, bleibt auf absehbare Zeit die Verfassung der Nationalstaaten von Bedeutung. Die Funktion des Nationalstaates heute liegt also nicht in der Wahrung ethnischer Homogenität oder Abgrenzung nach außen, sondern in der Durchsetzung und Sicherung einer freiheitlichen und rechtsstaatlichen Ordnung. Es geht beim Nationalstaat in seiner heutigen Form nicht um die Umsetzung von »Deutschland zuerst«, sondern um ein funktionierendes und akzeptiertes staatliches Gewaltmonopol. Diese Aufgaben kann die nationalstaatliche Ebene auch in einem zukünftigen europäischen Bundesstaat mit ausgeprägten föderalen und subsidiären Strukturen wahrnehmen.

Man mag einwenden, daß die Vereinigten Staaten von Europa eine Illusion darstellen angesichts der fortbestehenden, ja sogar wachsenden Differenzen zwischen den Völkern und Nationen Europas. Aber noch illusionärer ist der Glaube, man könne den Frieden zwischen diesen Völkern und Nationen ohne die entschiedene Hinarbeit auf das große europäische Ziel bewahren. Früher haben sich in unseren geographischen Breiten kleine Städte blutig bekriegt. Die Städte hatten Mauern, um sich gegen die Eroberung durch Soldaten anderer Städte zur Wehr zu setzen. Damals hätte man jeden als verrückt bezeichnet, der den Zusammenschluß der Städte, Grafschaften und Fürstentümer in den deutschen Landen zu einem Staatswesen vorhergesehen hätte.

In diesem Sinne äußerte Roman Herzog am 17. Juni 1988: »Den Staat, in dem wir heute leben, gibt es in Europa seit etwa vierhundert Jahren, in Deutschland seit zweihundert Jahren. Alles andere wird von den Fachdisziplinen zum Teil gar nicht als Staat anerkannt. Da ist es überhaupt nicht sicher, daß er so, wie wir ihn kennen, auf ewig fortbesteht. Die zunehmende internationale Verflechtung, die europäische Integration, die Verlagerung und vor allem auch die innere Veränderung der Staatsfunktionen können zu Entwicklungen führen, die wir alle miteinander nicht absehen und die weit über unsere heutigen Vorstellungen hinausgehen können.«

Wir brauchen nicht mehr neue Utopien und Ideologien, wohl aber langfristige Ziele und Visionen für unsere Politik. Wer gegenüber dem aufklärerischen Ideal des grundsätzlich zur Vernunft fähigen Menschen, wer von der Idee der Einheit Europas und unserer globalen Verantwortung abweicht und statt dessen das Heil wieder in der Abgrenzung der Nationen untereinander sieht – begibt sich immer in Gefahr, die alten Fehler zu wiederholen. Nicht deutscher Selbsthaß oder ein verqueres Geschichtsverständnis, weder vom Ausland eingeredete Schuldgefühle noch utopische Träumerei, sondern praktische Vernunft und entschiedene Wahrnehmung der Interessen der Deutschen erfordern es, dem neuen nationalen Zeitgeist zu widerstehen und am europäischen Ziel Konrad Adenauers, Willy Brandts und Helmut Kohls festzuhalten.

Deutschland und Preußens Gloria

Wie preußisch wird das vereinigte Deutschland? Werden die preußischen Ideen im 1990 wiederentstandenen deutschen Nationalstaat dominieren? Vor allem: Welches Preußen wird sich in den geistigen Strömen der Zeit behaupten? Das Preußen, das sich durch Toleranz und Aufklärung, durch Bescheidenheit und Unbestechlichkeit auszeichnete und nicht zuletzt dadurch, daß viele seiner besten Söhne und Töchter am Widerstand gegen Hitler beteiligt waren? Oder wird es das Preußen sein, das unter Wilhelm II. dem Größenwahn erlag, die Demokratie unterdrückte und das bis heute überall auf der Welt mit Obrigkeitsstaat und Militarismus verbunden wird? Werden wir über das geistige Erbe Preußens und seine Bedeutung für die Berliner Republik eine geistige Auseinandersetzung führen oder wird Preußen einmal mehr glorifiziert, zum absoluten Staats- und Lebensideal verklärt? Wird derjenige gleich als Preußenhasser und vaterlandsloser Gesell' abgestempelt, der etwa davor warnt, mit preußischer Symbolik in der Hauptstadt Berlin vorsichtig umzugehen?

Volker Hassemer, Berliner Senator für Stadtentwicklung, hatte sich 1991 dagegen gewandt, daß das Schloß der Hohenzollern in Berlin wieder errichtet wird. Die Hauptstadt der Bundesrepublik Deutschland dürfe nicht »auf den

Symbolen der Vergangenheit« aufbauen. Aber die Wirklichkeit entwickelte sich anders:

- Am 14. April 1991 wurde – in einer Art Feldgottesdienst – das neue (alte) Glockenspiel in der Potsdamer Garnisonskirche eingeweiht.

- Am 8. August 1991 wurde die restaurierte Quadriga wieder auf das Brandenburger Tor gehievt, nun aber mit Preußenadler und Eisernem Kreuz versehen.

- Am 18. August 1991 wurde der Preußenkönig Friedrich II. von der Burg Hechingen nach Sanssouci umgebettet.

- Am 30. Juli 1993 beschloß der Berliner Senat, die Otto-Grotewohl-Straße wieder Wilhelmstraße zu nennen, obwohl mit diesen Straßennamen in der ganzen Welt die Außenpolitik des nationalsozialistischen Deutschland verbunden wird.

- Am 1. Juli 1993 errichtete ein Stadtschloß-Förderverein in der Berliner Mitte eine riesige Fassadenattrappe des alten Hohenzollernschlosses, um für den Wiederaufbau zu werben.

- Am 14. November 1993 weihten Bundespräsident und Bundeskanzler die Schinkelsche Neue Wache »Unter den Linden« als neue zentrale Gedenkstätte der Bundesrepublik Deutschland ein.

Für jede dieser Maßnahmen gibt es gute Argumente: Die Ästhetik des Stadtbildes, die Wiedererrichtung der von der DDR zerstörten Denkmäler und die Erinnerung an die

148

guten preußischen Traditionen, die man nicht deshalb verbannen darf, weil sie von den Nationalsozialisten pervertiert worden seien. Aber es gibt auch Gegenargumente und Empfindsamkeiten. Sie haben mit der plötzlichen Massierung zu tun, mit denen Sinnbilder Urständ feiern, aber vor allem auch mit der Erfahrung, daß die Errichtung geschichtsträchtiger Symbole zumeist nicht nur etwas mit objektivem Geschichtsverständnis, sondern mit subjektiver Zukunftserwartung zu tun hat. Geschichtsinterpretation und Geschichtsdarstellung sind immer auch Politik. Wenn das Eiserne Kreuz nun wieder auf dem Brandenburger Tor thront, ist das wirklich nur historische Restauration oder auch politisches Programm?

Wenn die Rückführung des Alten Fritz nach Potsdam in Anwesenheit des Bundeskanzlers und des brandenburgischen Ministerpräsidenten und mit Beteiligung der Bundeswehr durchgeführt wird, ist das nur die schlichte Erfüllung des Wunsches eines großen Königs, oder verbirgt sich dahinter eine politisch gewollte Aufwertung Preußens in Deutschland?

Berlin ist nicht die Hauptstadt Preußens, sondern die Hauptstadt der Bundesrepublik Deutschland, nach dem 20. Juni 1991 auch der zukünftige Regierungs- und Parlamentssitz. Daran soll nicht gerüttelt werden. Aber das bedeutet eine große Verantwortung für die Berliner, oft auch viel Fingerspitzengefühl. Dies gilt zumal bei einem Bauwerk wie dem Brandenburger Tor, das in der preußischen und deutschen Geschichte immer wieder eine zentrale Rolle gespielt hat und auf das die ganze Welt schaut. Haben die Berliner Verantwortlichen diesbezüglich genügend Sensibilität an den Tag gelegt?

Dazu ist es notwendig, sich die Entstehungsgeschichte des

Tores vor Augen zu führen. 1792 bestimmte ein ministerieller Erlaß für das Bauwerk die Bezeichnung »Friedenstor«. Friedrich Wilhelm II. gab einen entsprechenden Auftrag an den Architekten Carl Gotthard Langhans und den Bildhauer Gottfried Schadow. Letzterer sollte den plastischen Schmuck des Tores schaffen und damit die Friedensbotschaft des preußischen Königs unterstreichen. Schadow schuf daraufhin ein Viergespann vor einem Triumphwagen, auf dem die geflügelte Friedensgöttin Eirene in die Stadt einfuhr und den Berlinern ihre Botschaft verkündete. Die Quadriga sollte nach Auffassung ihrer Erbauer den »Triumph des Friedens« symbolisieren.

Erst 1814, nach dem Sieg über Napoleon und der Rückführung der von den Franzosen geraubten Quadriga, fügte Karl Friedrich Schinkel im Auftrag Friedrich Wilhelms III. dem Monument das Eiserne Kreuz und den Preußenadler hinzu. Aus dem Friedenstor wurde ein Triumphbogen, aus der Friedensgöttin Eirene die Siegesgöttin Viktoria. Im Laufe der kommenden Jahrzehnte verwässerte die ursprüngliche Friedensbotschaft immer mehr. Nach den siegreichen Kriegen Preußens und später des Deutschen Reiches zogen an feierlichen Tagen, wie jenem der Wiederkehr der Schlacht von Sedan, Siegesparaden durch das Tor. Die Klänge von Militärkapellen begleiteten junge Deutsche 1914, als sie durch das Tor nach Westen in den Krieg marschierten: »Gloria Viktoria, mit Herz und Hand fürs Vaterland«. Am 30. Januar 1933 zog der Fackelzug der Nazis, die soeben die Macht ergriffen hatten, durch das Tor.

Die »Via triumphalis« verwandelte sich in den kommenden zwölf Jahren in eine Straße des Leidens. Das Brandenburger Tor wurde im Frühjahr 1945 stark beschädigt, Göttin, Pferde, Wagen und Panier weitgehend zerstört. Nach dem

Krieg setzte eine umfassende Diskussion über die zukünftige Gestaltung des Tores ein. Der Architekt Hans Scharoun schlug 1946 vor, eine Gruppe von Werktätigen auf das Tor zu setzen, in deren Mitte sich eine Mutter mit vergoldetem Kind befinden sollte. Ein anderer Vorschlag zielte darauf, Pablo Picassos Friedenstaube an gleicher Stelle zu errichten. Schließlich aber entschied man sich doch für die Wiederherstellung der alten Quadriga, wie sie vor dem Krieg das Tor geschmückt hatte. Auf Betreiben des Magistrats in Ostberlin wurde dann jedoch auf Eisernes Kreuz und Preußenadler verzichtet. Am 30. November 1958 wurde das restaurierte Brandenburger Tor mit einer Quadriga eingeweiht, die dem ursprünglichen Schadow-Modell stark ähnelte.

Während der folgenden Jahre der Trennung und des kalten Krieges wurde das Tor zum Symbol für den Wunsch der Menschen nach Frieden und Freiheit. War es deshalb wirklich eine gute Idee, bei der Restaurierung 1990/91 die Insignien des Triumphes erneut zu installieren? Eine historische Verpflichtung, dies zu tun, jedenfalls gab es nicht.

Das bedeutet keine Mißachtung der preußischen Symbole. Das Eiserne Kreuz wurde zwar durch Wilhelm II. und Hitler furchtbar mißbraucht, aber sein Ursprung geht auf die Befreiungskriege zurück. Wer im Kriege ein tapferer Soldat gewesen ist und für seine Kameraden das Leben einsetzte – der soll auch in Zukunft auf sein Eisernes Kreuz stolz bleiben, auch wenn sein Mut von einem Terrorregime in eine falsche Richtung gelenkt worden war. Und Preußen soll selbstverständlich seinen Adler behalten und sich mit ihm an die guten und weniger guten Zeiten seiner Geschichte erinnern. Aber mußte man beide Symbole gleich auf dem Brandenburger Tor wieder anbringen, hoch über Berlin?

Ein Friedens- und Freiheitstor, unseren zukünftigen Aufgaben in Europa zugewandt – wäre das nicht eine zukunftsweisendere Symbolik gewesen?

Darüber kann man sicher geteilter Meinung sein. Aber man muß darüber in Deutschland diskutieren können, ohne als Bilderstürmer, Preußenhasser und vaterlandsloser Gesell in die Ecke gestellt zu werden. Eine offene und faire Auseinandersetzung über diese Fragen war im Sommer des Jahres 1991 indes nicht möglich. Nachdem ich mich in einem Artikel im Bonner *General-Anzeiger* gegen die Wiederanbringung von Eisernem Kreuz und Preußenadler auf dem Tor ausgesprochen hatte, brach eine Welle der Empörung über mich herein. Mein Fraktionskollege Wilfried Böhm warf mir Geschichtslosigkeit und Verteufelung Preußens vor. Man tue der preußischen Geschichte Gewalt an, wenn man sie auf brüllende Feldwebel und monokeltragende Junker verkürze. Der sächsische CDU-Bundestagsabgeordnete Manfred Kolbe hielt mir vor, mich auf Ulbrichts Spuren zu bewegen, Karl Feldmeyer fragte in der *FAZ*, ob nun auch die Siegessäule verschwinden müsse, weil sie an den Sieg über Frankreich erinnere: »Muß sich Berlin nun nachträglich einer Ent-Borussifizierung unterziehen lassen?«

Peter Boenisch beklagte in der *Bunten*, daß es mir mit historischer »Persil-Mentalität« gelungen sei, eine »nationale Debatte« zu entfachen: »Armes Deutschland«. Wolfgang Wiedemeyer, der Bonner *SWF*-Chef, wies mir die Rolle eines Lückenbüßers in der Leere des Sommertheaters zu, der Berliner *Tagesspiegel* beklagte mein »Quadriga-Gequatsche« und bezichtigte die Berliner Bündnis 90/Grüne-Fraktion der »Weiterplapperei«, weil sie sich meiner Meinung angeschlossen hatte. Die rechtsradikale *Nationalzei-*

tung führte meine Meinung auf die »Umerziehung« während meines Amerika-Studiums zurück. Und der stellvertretende Sprecher des Berliner Senats, Eduard Heußen (SPD), erklärte: »Dem Himmel über Berlin sei Dank, daß Herrn Pflüger nicht auch noch eingefallen ist, die Siegesgöttin Viktoria in Sack und Asche zu kleiden.« Solche Töne hatte man bis dahin nur rechtsaußen vernommen.

Auf meinem Schreibtisch stapelten sich Briefe, die zum Teil noch unsachlicher waren. Luise Cyzon aus Essen schrieb: »Wir haben einige Typen, die in Amerika umgemodelt und gegen Deutschland getrimmt wurden und jetzt auf bestem Posten stehen. Nun, als Deutscher amerikanisch ausgebildet zu sein, sollte er sich schämen, sein Vaterland zu verraten. Und da Sie anti-deutsch gesinnt sind, paßt es auch nicht für Sie, mit einer Deutschen verheiratet zu sein.« Felix Schecke, CDU-Mitglied aus meinem Wahlkreis Hannover, schrieb: »Wenn wir die seit genau einem Jahrtausend schwelende Reichsfeindlichkeit bestimmter Kreise nun wieder aufbrechen lassen, wie es sich bereits beim vorzeitigen grundgesetzwidrigen Grenzverzicht der Unions-Prominenten-Riege abzeichnete, dann kann ich nur hoffen, daß die Union schleunigst preußischer wird.« Horst Voigt, Major der Reserve, forderte von mir eine »Sühne-Leistung« von 1 000,– DM als Spende für den Wiederaufbau der Potsdamer Garnisonskirche. Viele Briefschreiber warfen mir vor, das Eiserne Kreuz, das sie sich ehrlich verdient hätten, madig zu machen. Es gab zahllose Beschimpfungen und Drohungen.

Zum Glück gab es auch Unterstützung. Der FDP-Abgeordnete Olaf Feldmann nannte Preußenadler und Eisernes Kreuz »Symbole der Vergangenheit, die weder dem Selbstverständis des vereinigten Deutschlands entsprechen noch

153

die zukünftigen politischen Herausforderungen Europas widerspiegeln«. Er sprach sich gegen »rückwärts gewandte nationale Symbole« aus und schlug statt dessen vor, der Göttin einen europäischen Sternenkranz in die Hand zu geben. In ähnlichem Sinne äußerten sich auch Bundestags-Vizepräsidentin Renate Schmidt (SPD), der CDU-Fraktions-Vize Heiner Geißler und der Vorsitzende der Jungen Gruppe der CDU/CSU-Fraktion, Ronald Pofalla. Verständnis ließ der damalige CSU-Landesgruppenchef Wolfgang Bötsch durchblicken: »Die innere Einstellung Bayerns und der CSU zum alten Königreich Preußen ist historisch bedingt und bekannt. Ihre Vorschläge hätten, etwas früher vor der Wiederaufstellung vorgebracht, möglicherweise etwas mehr Nachdenklichkeit erreicht.«

Auch in den Medien gab es nicht nur Ablehnung. Vor allem wurde die mangelnde Diskussionsbereitschaft beklagt. Die *Westdeutsche Allgemeine Zeitung* schrieb: »Deutschland hat allen Grund, sich solcher kriegerischer Symbolik nicht gedankenlos hinzugeben. Eine Debatte sind Eirene und Nike allemal wert.« Gunter Hofmann nannte die Berliner Reaktionen auf meinen Vorstoß in der *Zeit* »protzig und klotzig« und fügte hinzu: »Manche Berliner bemerken nicht, daß alle Symbole und Bilder, mit denen sie derzeit aufwarten, partout auf Zurück verweisen.«

In seinem Buch »Geteilte Freude« (1992) kommentierte Wolfgang Herles: »Die Reaktionen auf Pflügers Attacke zeigen, mehr als das Eiserne Kreuz selbst, welcher Geist in Deutschland wieder aufkommt. Der Mann wird publizistisch niedergeknüppelt, auch von linksliberalen Medien als Ulbricht-Imitator verhöhnt. Nicht wer eine andere Republik verlangt, wird heute geschmäht, sondern wer sich ihr verweigert.«

Warum können wir in Deutschland mit Symbolfragen nicht sachlich umgehen? Mit keinem Satz hatte ich nahegelegt, bestehende preußische Denkmäler und Siegessymbole niederreißen zu wollen. Ich hatte mich lediglich gegen eine von der Geschichte nicht gebotene *Wieder*aufstellung gewandt. Warum wird unterstellt, man identifiziere Preußen einseitig mit Militarismus? Ich habe Preußen immer differenziert betrachtet. Und wieso wird unterstellt, ich wollte den Soldaten von einst ihre Tapferkeitsmedaille entwerten? In meinem Artikel hatte ich, das mögliche Mißverständnis vorausahnend, genau dies ausgeschlossen. Ich habe nichts gegen das Eiserne Kreuz als Sinnbild sittlich gebundener soldatischer Tapferkeit. Warum ich deshalb aber unbedingt dafür sein muß, es oben auf eines der wichtigsten deutschen Bauwerke zu montieren, ist mir bis heute nicht einsichtig.

Nur eines scheint gewiß: Wenn wir Deutschen auf diese Weise unsere Selbstverständnisdebatte führen, dann werden sich bleibende Schäden im Bewußtsein der Deutschen nicht vermeiden lassen. Und wenn die Berliner wirklich wollen, daß ihre Stadt als Hauptstadt angenommen wird, dann sollten sie kritische Einwände ernst nehmen und nicht einfach abtun als Ergebnis geschichtlicher Unwissenheit, Unreife oder Berlin-Feindlichkeit.

In den damaligen aufgeregten Tagen erreichte mich auch ein Brief des Bundespräsidenten, der sich kritisch mit meiner Erklärung auseinandersetzte, sich aber in Form und Inhalt von den gefühsmäßigen Aufwallungen der meisten anderen Äußerungen abhob. Richard von Weizsäcker schrieb:

»Sie haben selbstverständlich recht, wenn Sie sagen, daß Berlin als Hauptstadt der Deutschen für uns alle zusammen

155

und nicht nur für Berlin oder Brandenburg allein die Aufgaben des Nachdenkens und der Zukunftsplanung stellt. Ich bin aber anderer Meinung als Sie, und zwar vor allem aus zwei Gründen. Der erste ist mir der wichtigere.

Er betrifft die Rezeption unserer Geschichte und die Verantwortung für sie. Beides muß kompromißlos davon ausgehen, die Geschichte im Ganzen zu nehmen, nicht aber sie nachträglich aufzuteilen und die gelungenen oder genehmen Kapitel hervorzuzeigen, die anderen aber unsichtbar zu machen.

Es ist nur allzu verständlich, wenn zumal jüngere Menschen sagen, die deutsche Geschichte hätte nach so vielen dunklen Kapiteln nun in den vierzig Jahren Bonner Republik endlich einen Abschnitt hervorgebracht, mit dem man sich innerlich identifizieren und in der Welt sehen lassen könne. Deshalb wolle man an ihm festhalten, dagegen keine Assoziierungen mit früheren Abschlüssen der Geschichte, die mit dem Namen Berlin verbunden seien, auf sich nehmen. So geht es eben, nach meiner Überzeugung, nicht. Wären wir in Bonn geblieben, dann hätten wir damit ganz gewiß nicht frühere, vor der Bonner Geschichte liegende Geschichtsepochen verdrängen dürfen, ebensowenig, wie wir in Berlin die freudige Verpflichtung durch die wohlgeratene Bonner Zeit eliminieren wollen.

Adler und Kreuz haben sich im weit überwiegenden Teil ihres Lebens auf der Quadriga befunden. An geschichtlichen Monumenten nachträglich herumzumanipulieren, und sei es auch unter Berufung auf den Urzustand, führt unweigerlich dazu, daß auch später weiter wieder daran herummanipuliert wird, kurz, daß man sich als zu kraftlos erweist, die Geschichte im Ganzen zu nehmen und aus ihr zu lernen.

Mein zweiter Grund: Preußenadler und Quadriga im Jahre 1814 waren Ausdruck eines klassischen Verteidigungskrieges gegen einen ebenso genialen wie frechen Eindringling von außen. Sie waren Bestandteil der großen preußischen Reformen, von denen ganz Deutschland bis heute tiefen geistigen und sittlichen Gewinn hat.

Uns fällt es heute schwer, den Übergang vom Friedenstor zum Siegestor zu akzeptieren. Und es gibt in der Geschichte seit 1814 genügend Beispiele von Siegen der Deutschen oder der anderen, die dies rechtfertigen. Siegestor gefällt mir nicht, aber die Insignien des Jahres 1814 waren nun einmal ein Sieg des Friedens und der Freiheit. Deshalb geniere ich mich mit ihnen in meinem Inneren so wenig wie in der Öffentlichkeit.«

An meiner Meinung, daß es ein Fehler war, die Quadriga in der Form von 1814 wiederherzustellen, hat dieser Brief nichts geändert. Aber er hat mich etwas beruhigt. Wenn wirklich *argumentiert* wird, werden oft auch diejenigen Entscheidungen erträglich, die man ablehnt. Nun sind Preußenadler und Eisernes Kreuz oben auf dem Tor. Dort sollen sie nun auch bleiben. Tatsächlich hatte ich nie damit gerechnet, die Wiederaufstellung gefährden zu können. Mein Ziel aber war und bleibt es, offene und faire Debatten über unser Selbstverständnis nach der Wiedervereinigung zu ermöglichen und Sensibilität im Umgang mit deutschen und preußischen Symbolen anzumahnen.

Daß dafür Bedarf bestand, zeigte sich nur wenig später, nämlich bei der Umbettung Friedrich des Großen in eine Gruft im Schloß Sanssouci. Der Leichnam Friedrichs wurde auf einem Sonderzug durch ganz Deutschland gefahren, zuletzt gezogen von einer alten Borsig-Dampflok der Reichsbahn. Eine vierspännige Lafette trug den Sarg durch die Straßen vorbei an Tausenden von Zuschauern. Bundeswehroffiziere hielten Totenwache am Sarkophag, der unter einem schwarzen Baldachin aufbewahrt stand und in die Farben Preußens gehüllt war. Der Bundeskanzler gab der Zeremonie die Ehre, wenn auch nur als »Privatmann«, wie er gegenüber der Presse erklären ließ. Zugegen war auch der brandenburgische Ministerpräsident Manfred Stolpe.

Die pompöse Inszenierung des Quasi-Staatsaktes traf auf harte Kritik, nicht nur bei ausgewiesenen Preußen-Gegnern. Gerhard von Glinski kritisierte im *Rheinischen Merkur* die Beisetzung als »Groteske«. Vor allem die Ehrenwache von Bundeswehr-Obristen störte ihn: »Eine innere Beziehung zwischen diesen Dienern der Demokratie und den friderizianischen Söldnern und gepreßten Landeskindern von einst gibt es nicht.« Noch schärfer ging Sebastian Haffner, Autor des Bestsellers »Preußen ohne Legende«, mit der Zeremonie ins Gericht. Im *Stern* äußerte er den Verdacht, daß es gar nicht um die Person Friedrichs ging, sondern um die Selbstdarstellung des vereinigten Deutschlands. Die ganze Inszenierung sei ein neuer »Tag von Potsdam«, der unvermeidlich Erinnerungen an Hitlers Propagandaverbeugung vor dem Sarg Friedrichs im Jahre 1933 wachrufen müßte. Vor allem kritisierte Haffner die Anwesenheit des Bundeskanzlers. Er habe sich doch immer wieder als »Enkel Adenauers« bezeichnet. Dessen Tradition aber sei »antipreußisch, westdeutsch, rheinisch« gewesen: »Will Kohl diese Tradition aufheben und in die Reihe der wilhelminischen Reichskanzler einrücken? Das ist jedenfalls die symbolische Wirkung seines unpassenden Auftretens in Potsdam.«

Nun wird Helmut Kohl durch seinen Besuch bei der Beisetzung ganz bestimmt kein Preuße, genausowenig wie er seine Überzeugung von der Westbindung aufgeben wird. Für den Kanzler geht es vielmehr darum, daß wir seiner Meinung nach lernen müssen, »mit unserer ganzen Geschichte« zu leben. Friedrich gehört ohne Zweifel dazu. Wieso soll man dann einem König nicht das Geleit geben? Die gleiche Ehre würde Kohl wahrscheinlich auch bei ähnlichen Anlässen einem alten Stauferkaiser, einem Ottonen oder Wittelsbacher zuteil werden lassen.

Dennoch sind Bedenken angebracht. Die preußische Geschichte wirkt weitaus stärker in unsere Tage hinein, als die Traditionen und Ideen anderer Königshäuser. Preußen ist immer wieder instrumentalisiert worden, und jeder weiß, daß es nicht unbeträchtliche Kräfte gibt, die sich geradezu wünschen, Preußen möge in Zukunft wieder das deutsche Selbstverständnis prägen, zumindest geistig. Mit der ganzen Geschichte zu leben, das ist ein richtiger und wichtiger Vorsatz. Aber die Beisetzung in Sanssouci war eben kein historisches Seminar, sondern eine politische (Staats-) Aktion. Die Geschichte zu kennen und innerlich zu akzeptieren ist eine Sache. Welche Teile aus der Geschichte man kritisiert und welche positiv hervorhebt, das ist eine ganz andere Sache. Die Gefahr bestand und besteht, daß mit solchen demonstrativen Gesten ein politisches Programm für die Zukunft entsteht.

Die Vermutung, daß es bei den Feierlichkeiten in Sanssouci weniger um den großen Preußenkönig als um ein politisches Signal ging, wird vor allem auch dadurch genährt, daß die Umbettungsfeier dem Wunsch des Alten Fritz nach einem bescheidenen Begräbnis zuwiderlief. In seinem Testament hatte er verfügt: »Ich habe als Philosoph gelebt und will als solcher begraben werden, ohne Pomp, ohne

Prunk und ohne die geringsten Zeremonien. Sterbe ich in Berlin oder Potsdam, so will ich der eitlen Neugier des Volkes nicht zur Schau gestellt werden und am dritten Tage um Mitternacht beigesetzt werden. Man bringe mich beim Schein einer Laterne, und ohne daß mir jemand folgt, nach Sanssouci und bestatte mich dort ganz schlicht.« Wem es nur darum geht, Geschichte aufzuarbeiten, der hätte diesen Wunsch nach Bescheidenheit respektiert.

Der Verdacht, daß es um politische Wirkung und nicht geschichtliche Aufarbeitung geht, wird besonders im Zusammenhang mit Bemühungen deutlich, die Potsdamer Garnisonskirche wieder aufzubauen. Sie kann getrost als der Inbegriff des preußischen Militärstaates angesehen werden. Philipp Gerlach schuf sie zwischen 1732 und 1735. Die Absätze des neunzig Meter aufragenden Turmes zeigten militärische Embleme, beiderseits des Portals waren gemeißelte Degen und Reiterpistolen, Trommeln, Pfeifen und Helme zu bewundern. Auch in der Kirche selbst gab es Waffen, nach den erfolgreichen Feldzügen der Preußen gegen das napoleonische Frankreich, gegen Dänemark, Österreich und noch einmal gegen Frankreich brachte man die eroberten Fahnen und Standarten in die Kirche, die dadurch mehr einer Ruhmeshalle als einem Gotteshaus glich. Wenn die Orgel spielte, schlugen Adler mit den Flügeln, hieben Engel auf Pauken ein. Der Soldatenkönig Friedrich I. selbst hatte den Verlauf des ersten Gottesdienstes festgelegt: Nach jeder Strophe von »Herr Gott, dich loben wir« ertönte draußen eine Gewehrsalve.

Gegen den Willen der Stadt Potsdam bemüht sich ein Förderkreis um den Wiederaufbau der Garnisonskirche. Am wenigsten dabei wird allerdings die Kirche gefragt. Der zuständige Pfarrer Uwe Dittmar beklagte im *Spiegel*, daß

160

nur »sehr konservative Leute und sehr weit rechts orientierte Gruppen« nach einem Wiederaufbau schreien, Leute, die er nie in einem Gottesdienst gesehen habe. Die alte Kirche hatte 3 000 Plätze, die Gemeinde aber zählt heute nur noch 230 Mitglieder, von denen heute allenfalls 50 Personen am Gottesdienst teilnehmen. Es geht nicht um Gotteshaus, Glockenspiel und geschichtliche Gebäude, sondern um Gesinnung. Und wie die aussieht, bekommt der Pastor zu spüren, seit er sich öffentlich gegen einen Wiederaufbau der Garnisonskirche aussprach: Seitdem erhält er Drohungen.

Die gleichen Fragen stellen sich angesichts der Entscheidung des Berliner Senats vom Juli 1993, die Otto-Grotewohl-Straße wieder in Wilhelmstraße umzubenennen. Warum nicht, fragen wohlmeinende Zeitgenossen und verweisen darauf, daß es sich nur um die Wiederherstellung einer Bezeichnung handele, die nun einmal zur Geschichte der Stadt gehöre. Aber so einfach ist es nicht. Die Wilhelmstraße ist nicht eine Straße unter vielen, sondern sie wurde in der Nazizeit zu einem Symbol für die tyrannische Macht des Reiches. Hier lag Hitlers Reichskanzlei und Goebbels' Propagandaministerium, hier lag das Auswärtige Amt. Das Nürnberger Gericht über die Kriegsverbrecher aus dem Auswärtigen Amt ging als »Wilhelmstraßenprozeß« in die Geschichte ein.

Vor diesem Hintergrund stimmte das zuständige Bezirksparlament von Berlin-Mitte für den Namen »Toleranzstraße«. Ein anderer Vorschlag lautete auf Willy-Brandt-Straße. Nach zweijährigem Streit unter Einschaltung der Gerichte entschied dann der Senat die Wiedereinführung des alten Namens. Wäre es nicht wirklich besser gewesen, gerade an dieser Stelle einen bewußten Neubeginn zu wagen: zum Beispiel mit der Bezeichnung Erich-Maria-Remarque-Straße. Wäre es nicht ein großartiges Zeichen für die Zukunft gewesen, wenn man den Autor des Antikriegs-Klassikers »Im Westen nichts Neues« gerade hier geehrt hätte? In Berlin gibt es keine Remarquestraße, aber bereits zwei Wilhelmstraßen, eine Wilhelmshöhe, eine Wilhelmsaue, zweimal Wilhelmsruh, eine Kaiser-Wilhelm-Straße, einen Kaiser-Wilhelm-Platz und eine Kaiser-Wilhelm-Gedächtnis-Kirche.

Unabhängig von Kaiser Wilhelm fällt bei den Straßen- und Plätzenamen generell eine gewisse Einseitigkeit auf. Es gibt sieben Bismarckstraßen, aber nur eine Heinrich-Mann-Straße. In Berlin zählen wir drei Straßen, die nach Ernst Moritz Arndt benannt worden sind, drei Fichtestraßen, drei Herderstraßen. Immerhin noch zwei Straßen sind nach Gustav Freytag benannt, der den antisemitischen Roman »Soll und Haben« verfaßt hat. Anne Frank, Dietrich Bonhoeffer, die Geschwister Scholl und Lion Feuchtwanger geben jeweils nur einer Straße ihren Namen. Auch Konrad Adenauer kommt im Berliner Verzeichnis nur einmal vor, immerhin nicht als einfache Straße, sondern als Platz im Zentrum.

Das alles mag eine unfaire Betrachtung sein, da früher mehr gebaut wurde und folglich die meisten Namen aus einer Zeit stammten, in der andere politische Werte galten als in der Bundesrepublik Deutschland. Aber gerade deshalb sollte man die Chance nutzen, die sich aus der Notwendigkeit der Umbenennung mancher Straßen des ehemaligen Ostberlins ergibt. Die Namen kommunistischer Führer sollte man nicht durch preußische Generäle und Könige ersetzen, sondern vornehmlich durch humanistische Denker, liberale Aufklärer sowie durch Emigranten und Widerständler aus der Nazizeit. Die neue Hauptstadt sollte die Zukunft weisen, durch ihre Symbole die demokratischen Traditionen der Deutschen hervorheben – dagegen nicht trotzige Geschichtsverklärung nahelegen.

Sonst kann es leicht zu einer Situation kommen, in der selbst sinnvolle Vorhaben skeptisch beäugt werden. Der Initiative des Hamburger Unternehmers Wilhelm von Boddien zum Neuaufbau des Berliner Stadtschlosses läßt sich einiges abgewinnen. Es gibt einsichtige städtebaulich-ästhetische Argumente dafür, in der Berliner Mitte das alte Hohenzollernschloß wiederaufzubauen. Trotz der hohen Kosten kann man dieser Idee einigen Reiz abgewinnen, zumal die Mitglieder im *Förderverein Berliner Stadtschloß* keineswegs daran denken, mit dem Wiederaufbau des Schlosses der Monarchie wieder eine Herberge zu geben. Vielmehr verbinden sie in ihrem Konzept die Wiedererrichtung der alten Fassade mit modernen Ideen für eine zukunftsweisende Gestaltung im Innern. Im Zentrum des Schlosses, im »Parnass«, sollen die schönen Künste und die Wissenschaft residieren mit einem großen multifunktionalen Raum, der als Konzert- und Theatersaal, aber auch für Konferenzen und Festlichkeiten dienen soll. Zusätzlich denkt von Boddien an Galerieräume, die sich zu einer Art »Kultur-Mall« verdichten könnten. Im östlichen Teil des Schlosses ist nach bisherigen Vorstellungen eine »Redoute« vorgesehen, ein nutzbares Schloß als geeigneter Ort für repräsentative Empfänge.

Ein Beispiel dafür, wie in Berlin vorhandene Geschichte mit den politischen Idealen der Demokratie zu einer zeitgemäßen Symbolik verschmelzen können, zeigt letztlich auch die Neue Wache, die neue zentrale Gedenkstätte der Bundesrepublik. 1817/18 wurde die Neue Wache von Schinkel erbaut. 1931 von Heinrich Tessenow zur Ehrenhalle der Gefallenen des Ersten Weltkrieges umgestaltet. Damals wurde ein Loch in die Decke gebohrt, unter das ein schlichter Granitblock als Altar gesetzt wurde, zusammen mit einem metallisch blinkenden Totenkranz. 1968 wurde das Bauwerk durch die DDR-Führung zu einem Gedenkort für die »Opfer des Faschismus und Militarismus« umgewidmet. Das Deckenloch wurde von einer Glasglocke überwölbt, eine Steinintarsie mit Hammer und Sichel auf der Rückwand angebracht und eine Ewige Flamme unter Plexiglas in der Mitte des Raumes installiert.

In der heutigen Form sieht der Raum wieder aus wie zu Tessenows Zeiten. Hammer und Sichel sind abmontiert, die Ewige Flamme ist erloschen, und Licht und Regen können wieder ungehindert in das Innere des Raumes fallen. Trafen sie früher den Tessenowschen Granitblock, so fallen Licht und Regen jetzt auf eine Vergrößerung einer Pietà von Käthe Kollwitz. Diese hatte die Figur 1937/38 modelliert, um damit den Tod ihres 18jährigen Sohnes im Ersten Weltkrieg zu verarbeiten, gegen dessen freiwillige Kriegsteilnahme sie nichts unternommen hatte. Der *Spiegel* beschreibt das Bild beim Betreten der Neuen Wache in eindrucksvoller Weise: »Ein besänftigender Anblick: matt blinkt der Kupferton des Metalls im diffusen Novemberlicht, doch Helligkeiten wie Schatten verschmelzen zum Eindruck einer ruhigen Masse, wie Mutter und Sohn. Ohne aufzutrumpfen beherrscht die Plastik die feierliche Leere des rechtwinkligen Raumes und mildert seine Strenge. Und wenn es regnet, sieht der Betrachter sie plötzlich tränenüberströmt.«

Die Wahl der Neuen Wache zur Gedenkstätte ist zum Teil scharf kritisiert worden. Mußte es wirklich der klassizistische Tempelbau sein, den Nazidiktatur und SED-Tyrannei für ihre Zwecke mißbraucht hatten? Hätte man nicht eine Gedenkstätte an anderer Stelle neu errichten sollen, nach vorhergehendem Architektenwettbewerb? Kann eine Pietà, also ein christliches Motiv, ein angemessenes Symbol sein, in dem sich auch jüdische Mitbürger in ihrer Trauer wiederfinden? Kann eine Skulptur, die vor dem Zweiten Weltkrieg und Holocaust geschaffen wurde, zum Mittelpunkt des Gedenkens an die Opfer dieser Zeit taugen? Wird hier eine »private ... Plastik« in ein »Kriegerdenkmal« verwandelt? (Richard Kosellek)

Manche dieser Einwände sind wohlbegründet. Aber im Ganzen gesehen spricht doch viel dafür, daß es hier gelungen ist, ein preußisches Bauwerk mit einer zeitgemäßen Aussage auf eine würdige, tragende Weise zu verbinden. Wer den Raum betritt, wird jedenfalls unweigerlich berührt, in Bann gezogen. Offenbar wird die Gedenkstätte auch von den Menschen akzeptiert. Die Aussage ist verständlich und erreicht – dank Käthe Kollwitz – auch einfache Menschen.

Am schwersten wiegt vielleicht der Einwand, daß das pauschale Gedenken der »Opfer von Krieg und Gewaltherrschaft« nicht hinreichend unterscheidet zwischen der Trauer eines SS-Mannes und dem Gedenken der Tochter eines hingerichteten Widerstandskämpfers oder des Enkels eines in Auschwitz vergasten Juden. Werden hier Opfer und Täter ausreichend auseinandergehalten? Um diese Kritik zu entkräften, wird auf einer Bronzetafel am Eingang präzisiert, wem das Gedenken gilt. Dieser Text schließt Mißverständnisse weitgehend aus. Klug war ferner die Entscheidung, die Marmorstandbilder der preußischen Generäle Gerhard von Scharnhorst und Friedrich Wilhelm von

Bülow, die im Entwurf Schinkels auf beiden Seiten des Eingangsportals plaziert waren, nicht wieder aufzurichten, obwohl es Stimmen gab, die dies forderten – selbstverständlich nur wegen der historisch geforderten Originaltreue... Aber offensichtlich konnten die Kollwitz-Nachkommen dies verhindern.

Richtig war auch die Entscheidung, die zwanzig Urnen im Fußboden der Gedenkstätte zu belassen, die die DDR-Regierung dort im Jahre 1969 hatte versenken lassen. Sie bergen Erde aus verschiedenen Konzentrationslagern und Schlachtfeldern aus allen Teilen Europas. Zwei größere Urnen enthalten die Überreste eines KZ-Häftlings und eines unbekannten Soldaten, nämlich Opfern von Gewaltherrschaft und Krieg.

Schwerer als die Kritik an der Ausgestaltung der Neuen Wache mag der verbreitete Unmut über die Tatsache wiegen, daß Ort und Art der zentralen Gedenkstätte nicht als das Ergebnis einer offenen und ausführlichen Diskussion erscheinen, sondern als Resultat einsamer Beschlüsse. Der Bielefelder Historiker Reinhard Kosellek zum Beispiel vermißte die Ausschreibung eines Architektenwettbewerbs. Ferner erinnerte er an die langen und quälenden, aber doch auch heilsamen Debatten über das Vietnamdenkmal in den Vereinigten Staaten und das Grab des Unbekannten Soldaten in Frankreich: »Streit ist nötig, um die unlösbaren Konflikte unserer Erinnerung auch im Denkmal sichtbar zu machen. Wie der Streit entschieden wird, ist eine Frage unserer politischen Kultur. Der von der Bundesregierung beschworene Konsens läßt sich nicht dekretieren.«

Wahr ist jedenfalls, daß der Berliner Senat mehr Wert darauf legen sollte, über die Gestaltung der Stadt und ihrer

Symbole einen demokratischen Dialog zu führen, bei der nicht jede kritische Nachfrage gleich als antipreußischer Störversuch notorischer Berlingegner abqualifiziert wird. Oder wird Martin Winter recht behalten mit seiner Beobachtung in der *Frankfurter Rundschau*: »Es herrscht wieder die alte Mode, den in deutschen Dingen Andersdenkenden als ungebildet und geschichtslos zu beschimpfen. Wer nicht für diese Art der deutschen Vereinigung war, wer gegen Berlin Bedenken hatte, wer deutsche Soldaten nicht an Friedrichs Grab sehen will und wer die Friedensgöttin der Siegesgöttin vorzieht, kann nicht mit Pardon rechnen. Heute haben nicht die Nachdenklichen Konjunktur, sondern die forschen Nationalen. In einigen Jahren erst wird sich zeigen, welchen nachhaltigen Schaden das der Selbstfindung der Deutschen zugefügt hat.«

Ohne Zweifel gehört zu einer verantwortlichen Auseinandersetzung über die Straßen, Plätze, Gebäude und Denkmäler Berlins auch die Bereitschaft, Preußen und seine Ideen nicht pauschal zu verteufeln oder ängstlich zu verdrängen, sondern differenziert zu würdigen. Diesem Zweck diente im Herbst 1981 eine große Preußen-Ausstellung in Berlin. Der damalige Regierende Bürgermeister Richard von Weizsäcker sprach in seiner Rede zur Eröffnung über die ambivalente Wirkung Preußens bis in unsere Zeit hinein: »Preußen ist zwar längst Geschichte geworden, aber eine Geschichte, die eine Spur tief in den Weg unserer Gegenwart eingegraben hat. Es gehörte Mut dazu, diese allzulang verdrängte Spur zur Diskussion zu stellen.«

Weizsäcker forderte damals offene Debatten, heilsamen Streit und geistige Klärung. Das ist weit entfernt von Verherrlichung oder Verteufelung. Ihm ging es dabei nicht darum, neue Helden zu schaffen und die Geschichte zum politischen Tageskampf in der Gegenwart zu glorifizieren – sondern um die Verhinderung der Versuche der DDR-Führung, sich auf leisen Sohlen einen Alleinvertretungsanspruch auf Preußen zu erschleichen.

Die SED war bei dem Versuch gescheitert, eine »sozialistische Nation« zu propagieren und das Wort »deutsch« aus offiziellen Texten zu streichen. Also versuchte die SED-Führung seit Ende der siebziger Jahre Geist, Kultur und Geschichte ein wenig zu öffnen, um so eine gewisse Identifikation der Bevölkerung mit ihrem Staat zu erreichen und die DDR zu legitimieren.

Zwar hatten preußische Traditionen in der DDR schon immer eine große Rolle gespielt: Das negative Erbe, Obrigkeitsstaat und Militarismus hatten sich mit der kommunistischen Diktatur verbunden. Wahrscheinlich prägte dieses Preußen den »real existierenden Sozialismus« mehr als die idealistischen Visionen des jungen Marx. Freilich hatte die SED das niemals zugegeben, vielmehr die militaristischen Traditionen dem Westen Deutschlands angehängt und sich selbst allenfalls in die Linie der aufgeklärten preußischen Reformer gestellt.

Nun aber erschienen auf einmal auch Biographien über früher als »reaktionär« abgestempelte Persönlichkeiten, nicht zuletzt über Bismarck. Der alte Fritz wandelte plötzlich wieder »Unter den Linden«, und auch der Königin Luise wurde Anerkennung zuteil.

Konnte man im Westen zulassen, daß die DDR sich auf diese Weise die preußische Geschichte aneignete, während sie in der Bundesrepublik weitgehend verdrängt wurde? Durfte man vor allem die einseitigen Interpretationen ohne entsprechende »Antwort« hinnehmen? War es jetzt, 35 Jahre nach Ende des Krieges, nicht an der Zeit, sich Preußen wieder zuzuwenden und zu zeigen, daß es mehr beinhaltet als Staatsanbetung und Soldatentum?

– Preußen, das ist nicht nur der »Tag von Potsdam«, die Anbiederung des national-konservativen Bürgertums an Hitler, sondern auch der »Geist von Potsdam«, der sich zum Beispiel in dem Edikt des Großen Kurfürsten von 1685 manifestiert: Religiös und politisch Verfolgte sollten »sichere und freie retraite in alle unsere Lande und Provincien« erhalten. Schade, daß in der Diskussion um die heutigen Asylbewerber sowenig die Rede von dieser preußischen Tugend ist!

– Preußen, das ist die großartige Natalie in Kleists »Prinz von Homburg«, die sich dem Großen Kurfürsten entgegenstellt, als dieser nach der Schlacht von Fehrbellin seinen Sohn, dem Prinzen, wegen der Nichtbeachtung eines Befehls unerbittlich (zum Tode) verurteilen lassen will. Natalie zeigt dem Kurfürsten die humane Grenze einer formalen Rechtsanwendung: »Erst, weil er siegt, ihn kränzen, dann enthaupten, das fordert die Geschichte nicht von Dir; das wäre so erhaben, daß man es fast unmenschlich nennen könnte.«

– Preußen, das ist auch der Oberst von der Marwitz, der sich aus Achtung vor den ethischen Maßstäben Preußens weigerte, einem Plünderungsbefehl des Königs zu folgen. Auf seinem Grabstein steht: »Er sah Friedrichs Heldenzeit und kämpfte mit ihm in allen seinen Kriegen. Wählte Ungnade, wo Gehorsam nicht Ehre brachte.«

– Preußen, das ist auch Friedrich der Große, der die Folter abschaffte, die Prügelstrafe in der Armee einschränkte

169

und der der Pressezensur entgegentrat. Jeder sollte in Preußen »nach seiner Façon selig werden«. Friedrich lud Voltaire an seinen Hof und versuchte die Ideen der Aufklärung mit seiner Krone zu verbinden. Er liebte die Künste, die Philosophie und die Musik. Friedrich betrachtete sich »als erster Diener seines Staates«, war bescheiden und pflichtbewußt. Es ist richtig, daß Friedrich furchtbare Kriege führte, Schlesien überfiel und unmenschlich hart sein konnte. Aber dennoch verdient er die Würdigung seiner großen humanen Leistungen.

— Preußen, das sind auch die unzähligen Beamten und Bürger, die ihren Staat in treuer Pflichterfüllung dienten. Ehre, Anstand, Bescheidenheit, Dienst – das sind keine Werte an sich, aber großartige Tugenden, allerdings nur, wenn sie sich mit freiheitlichen Grundwerten und Institutionen verbinden. Werden sie dagegen verabsolutiert und als Wert an sich gesehen, so lassen sie sich nur zu leicht mißbrauchen – wie die deutsche Geschichte dieses Jahrhunderts mehr als einmal gezeigt hat.

— Preußen, das ist schließlich auch ein großer Teil des Widerstandes. Zu viele junge Männer aus alten preußischen Adelsfamilien hatten sich zu lange in den Dienst des Teufels gestellt. Viele von ihnen hatten aber schließlich auch erkannt, daß sie in Wahrheit nicht dem Vaterland, sondern einem Terrorregime dienten. Henning von Tresckow, Generalmajor der Wehrmacht, drückte damals aus, worum es dem Grafen Stauffenberg und seinen Verbündeten ging: »Das Attentat auf Hitler muß erfolgen, koste es was es wolle. Sollte es nicht gelingen, so muß trotzdem der Staatsstreich versucht werden. Denn es kommt nicht mehr auf den praktischen Zweck, sondern darauf an, daß die Widerstandsbewegung vor der Welt und vor der Geschichte unter Einsatz des Lebens den entscheidenen Wurf gewagt hat.«

Wenn wir Preußens Ideen heute wieder diskutieren und Teile davon auch das Selbstverständis der nahenden Berliner Republik mitbestimmen sollen, dann müßte vielleicht etwas weniger martialisch über Disziplin und Untertanengeist gesprochen werden und mehr über die Werte, die das Denken von Tresckow, Marwitz oder Natalie bestimmen: Toleranz gegenüber Fremden und Andersdenken, Menschlichkeit, Mut zum Widerspruch und die Treue gegenüber dem eigenen Gewissen.

Vor allem aber muß klar sein, daß das wiedervereinte Deutschland mehr ist als Preußen. Es ist auch zum Beispiel Baden und Sachsen, Bayern und das Rheinland. Wenn sich alle Deutschen in ihrer Hauptstadt wiederfinden sollen, dann bedarf es ehrlicher und offener Debatten über das richtige Verhältnis von preußischer Geschichte und deutscher Gegenwart. Die Berliner Republik sollte nicht an Bismarck und Wilhelm II. anküpfen, sondern an Adenauer, Brandt und Kohl.

Mut macht die Entscheidung des Bundestages vom 25. Februar 1994, dem Künstler Christo die Möglichkeit zu geben, den Berliner Reichstag für zwei Wochen zu verhüllen. Das könnte einen Anlaß zu einer offenen Diskussion über Demokratie und Parlamentarismus in Deutschland bieten. Was ist das Selbstverständnis der kommenden Berliner Republik? Christo verhüllt den Reichstag und packt anschließend den Bundestag aus.

Die Union und die Konservative Revolution

Radikale Parteien von rechts und links streben nach Zusammenarbeit mit demokratischen Kräften. Sie wollen damit ihre Themen in die politische Mitte transportieren und Berührungsängste der Wähler abbauen. Adolf Hitler wurde erst salonfähig durch die politischen Ideen der *Konservativen Revolution* und das Bündnis mit den Deutsch-Nationalen, der sogenannten Harzburger Front. Auch kommunistische Parteien haben überall auf der Welt immer wieder den Versuch unternommen, mit demokratischen Linken in Volksfront-Bündnissen zusammenzuarbeiten und sie als »nützliche Idioten« (Lenin) auf dem Weg zur Diktatur des Proletariats einzuspannen. Ist die totalitäre Herrschaft erst errichtet, wird mit den gutgläubigen Wegbereitern kurzer Prozeß gemacht. Nach der Zwangsvereinigung von SED und SPD blieb von den Sozialdemokraten in der ehemaligen sowjetischen Besatzungszone genausowenig übrig wie von Deutsch-Nationalen und *Konservativen Revolutionären* nach dem Ermächtigungsgesetz. Die Geschichte zeigt, daß derjenige, der die Radikalen nährt, früher oder später von ihnen gefressen wird.

In den siebziger Jahren hat es an fast allen westdeutschen Hochschulen eine enge Zusammenarbeit von jungen Sozialdemokraten und Kommunisten gegeben. In fast allen

Allgemeinen Studentenausschüssen saßen Spartakisten oder Maoisten, die innerhalb der Studentenschaft nie über eine Mehrheit verfügten, aber durch Koalitionen mit *Juso-Hochschulgruppen* in die Schlüsselstellungen der Studentenpolitik gelangten. Als Bundesvorsitzender des RCDS habe ich 1977 mit Helmut Kohl vor der Bundespressekonferenz eine »Dokumentation über Volksfrontbündnisse« an den Universitäten vorgelegt.

Hätte ich den heutigen RCDS-Vorstand zu beraten, würde ich ihm empfehlen, eine ähnliche Dokumentation über die Zusammenarbeit zwischen Unionsmitgliedern und rechtsradikalen Kräften zu erstellen und den CDU-Vorsitzenden zu bitten, diese in der Öffentlichkeit zu präsentieren. Die CDU war von Beginn an eine antitotalitäre Partei, das große bürgerliche Bündnis gegen Extremismus und für die offene Gesellschaft. Das muß so bleiben. Wenn Kommunisten und Demokraten zusammenarbeiten, ist Wachsamkeit geboten. Das gleiche gilt für Bündnisse zwischen Rechtsradikalen und Demokraten.

Was die CDU in den siebziger Jahren den Jusos vorgeworfen hat, darf sie in den neunziger Jahren ihrem rechten Flügel auch nicht erlauben:

– Am 5. Dezember 1992 gründeten 192 Personen, darunter elf Bundestagsabgeordnete, das *Christlich Konservative Deutschland-Forum* (CKDF). Diese »freie Initiativgruppe innerhalb der Union« (so der damalige Sprecher Claus Jäger, MdB) wird bis heute von der Parteiführung geduldet. Inzwischen hat das CKDF sieben Landesverbände gegründet. Der CKDF-Vorsitzende des Landesverbandes Sachsen/Niederschlesien (!), Michael Schweinert, definierte im Mai 1993 die Zielsetzung der neuen

Organisation: Man wolle die strukturelle Mehrheitsfähigkeit der Union wieder herstellen. Daher dürfe eine »sachliche Zusammenarbeit« mit »rechtskonservativen Parteien wie den Republikanern« nicht ausgeschlossen werden. Im Gegenteil gehe es um die Bildung von »konservativen Koalitionen vor Ort«, um der linken Gefahr zu wehren. Viele Forderungen der Reps hält Herr Schweinert für »begründet und vertretbar«.

– Diese Meinung wird von dem CDU-Bundestagsabgeordneten Heinrich Lummer geteilt, der sich entgegen aller offiziellen Abgrenzungsbeschlüsse der Union immer wieder für eine Zusammenarbeit mit den Repsen ausspricht und seit langem von zahlreichen »Berührungspunkten« zwischen der rechtsradikalen Partei und der Union schwärmt. Herr Lummer erklärte schon 1991 in einer Talk-Show des SFB, daß die Repse größte Teile ihres Programmes bei der Union abgeschrieben hätten. Heinrich Lummer gehört zu den begehrtesten Gastrednern des CKDF.

– Roland Bubik, ein führender Redakteur der rechtsradikalen Zeitung *Junge Freiheit*, der sich ausdrücklich zur *Konservativen Revolution* der Weimarer Republik bekennt, und Carl Schmitt, einen der führenden Wegbereiter Hitlers, als Vorbild für die heutige Jugend anpreist, fungiert als einer der Landessprecher des baden-württembergischen CKDF. Kann die CDU es zulassen, daß eines ihrer Mitglieder für eine Zeitung arbeitet, die der Rehabilitierung von Ideen verpflichtet ist, die Hitler an die Macht brachten? Wie die *Konservative Revolution* in Weimer, so formt auch die *Junge Freiheit* unter maßgeblicher Mitwirkung Bubiks rechtsextreme Ideologiefetzen zu einem politischen Konzept um, das konservativ erscheinen will, aber in Wahrheit revolutionär ist.

– Eine *Konservative Revolution* nach dem Vorbild Ernst Jüngers, Oswald Spenglers oder Arthur Moeller van den Brucks fordert auch der Landesvorsitzende des hessischen CKDF, Frank Bötzges. Er beklagt, daß CSU und »Republikaner« die einzigen Parteien seien, die noch die Grundwerte der CDU vertreten würden. Herr Bötzges ist neben anderen Funktionen auch stellvertretender Vorsitzender des RCDS in Braunschweig und Vorsitzender des im November 1993 gegründeten *Arbeitskreises Junger Konservativer im Herzogtum Braunschweig*. Zur Gründungsversammlung in der *Burschenschaft Alemannia* lud er den Historiker Karlheinz Weißmann ein, der schon 1985 die Entwicklung von heute vorausgesehen hatte: »Die Berührungsängste schwinden, Trennungslinien zwischen Nationalen, National-Revolutionären, Neuen Rechten und Konservativen sind in Bewegung gekommen. Die Entwicklung kann gar nicht überschätzt werden.« Bötzges drückt im Einladungsschreiben seine Hoffnung aus, mit der Weißmann-Veranstaltung »die Konservative Revolution im deutschen Volke voranzutreiben«. Das hält den örtlichen CDU-Bundestagsabgeordneten nicht davon ab, den Arbeitskreis als Gastredner zu beehren und damit hoffähig zu machen.

– Ähnliche »konservative« Arbeitskreise und Leserzirkel der *Jungen Freiheit* haben sich inzwischen überall in Deutschland gebildet. Sie verfolgen das Ziel, eine »kulturelle Hegemonie« für die Ideen einer »konservativen« Umwälzung herbeizuführen. Neben dem braunen Netzwerk der Neo-Nazis entsteht ein schwarz-braunes Netz-

176

werk von *konservativ revolutionären* Vordenkern. Die Ziele sind im Grunde fast die gleichen, nur daß die angeblich »konservativen« Clubs ihre Botschaften etwas anspruchsvoller verpacken. In der *Jungen Freiheit* wird in der Ausgabe unter der Rubrik »Kleinanzeigen« für die rechten Arbeitsgemeinschaften geworben: »National-konservativer Leserkreis in Thüringen wird gegründet«; »Junge Deutsch-Soziale suchen in Sachsen Mitstreiter für national-konservativen Arbeitskreis«; »Wer sucht Kontakte zu anderen Nationalgesinnten im Raum Mainz?«; »Nationaler Stammtisch in Aachen«; »Im Überparteilichen Freundeskreis ›Neue deutsche Ordnung‹ wollen Patrioten von CDU/CSU/DSU/Rechts-parteien den Durchbruch '94 vorbereiten: unsere Treue gehört Deutschland.«; »Alles für Deutschland! Burschenschaft Germania-Kassel sucht Konservative für national-freiheitlichen Arbeitskreis« usf.

– Ein bayerischer Jungunionist plädiert in der *Jungen Freiheit* »für einen rechten Aufbruch in der CDU/CSU«. Es ginge um eine Flut der Erneuerung mit dem Ziel, »politische wie personelle Altlasten wegzuwaschen und, wenn nötig, zu ertränken«. Sollte das in der Union nicht gelingen, müsse man sich »noch unverbrauchten politischen Kräften« zuwenden.

– Auch innerhalb der CDU haben sich sogenannte »konservative« Gesprächskreise gegründet. Es gibt den »Karlshorster Kreis« in Berlin, den »Potsdamer Kreis« in Brandenburg oder den »Dietrichshägener Kreis« in Mecklenburg. Überregionale Bekanntheit erlangte vor allem der hessische »Petersberger Kreis«, ein Zusammenschluß von CDU-Landtagsabgeordneten. Im April

1992 bescheinigte diese Gruppe den Reps Koalitionsfähigkeit: »Bei den Verhandlungen über politisch notwendige Mehrheiten dürfen die von den Medien von vornherein in die Ecke gestellten Protestwählerparteien nicht ausgeschlossen werden.«

Die Beispiele ließen sich fortsetzen. Damit kein Mißverständnis entsteht: Diese Gruppen bestimmen nicht den politischen Kurs der Unionsparteien. Sie sind in der Tat Randgruppen. Aber das bedeutet nicht, daß es sich um unbedeutende »Sektierer« handelt, wie die Parteiführung in Bund und Land offenbar glauben. Wer durch das Land fährt und mit der Parteibasis diskutiert, spürt an allen Ecken und Enden den Einfluß der Neuen Rechten, sieht Berührungsängste schwinden. In vielen meiner Veranstaltungen wird zum Beispiel die Westgrenze Polens in Frage gestellt und gefordert, daß Schlesien und Ostpreußen wieder deutsch werden müssen. Oft werden die fünf neuen Bundesländer als »Mitteldeutschland« bezeichnet und damit suggeriert, daß es östlich davon weitere deutsche Gebiete gibt. Ein nicht unbedeutender Abgeordneter der Unionsfraktion berichtete mir kürzlich von einer Reise: Erst habe er Breslau besucht und dann sei er nach Polen gefahren. In einer Abendveranstaltung im niedersächsischen Landtagswahlkampf erklärte ein etwa 50jähriger Mann, daß zu viele »Bimbos« in Deutschland lebten.

Auch andere Denkmuster aus dem rechtsradikalen Arsenal sind wieder in Unionsveranstaltungen zu hören: Wir sollten wieder »aufrecht gehen«. Die Zeiten seien nun vorbei, in denen wir den Juden gegenüber ein schlechtes Gewissen haben müßten. Die Verbrechen der Nazis seien zwar schrecklich gewesen, die junge Generation aber habe damit nichts mehr zu tun. Dieses Argument wird nicht selten von genau denen vorgetragen, die im nächsten Satz behaupten, wir müßten unser Geschichtsbewußtsein pflegen. Wenn man das aber will, kann man nicht gleichzeitig einen Schlußstrich unter den Holocaust ziehen.

Ein Unkundiger aus Übersee, der manchen heutigen Debatten an der »Basis« lauschen könnte, müßte dabei den Eindruck gewinnen, als wären vierzig Jahre Bundesrepublik eine einzige Zeit der Selbstverleugnung und des schlechten Gewissens. Aber sind wir in den vergangenen vierzig Jahren in Westdeutschland wirklich in Sack und Asche gegangen? Oder könnte nicht gerade die Union stolz darauf sein, daß es Männern wie Adenauer, Kohl und Weizsäcker gelungen ist, unserem Land überall in der Welt Ansehen und Geltung zu verschaffen?

Endlich, so ist ferner zu hören, müßten nationale Interessen wieder selbstbewußt vertreten werden. Was haben wir denn vier Jahrzehnte lang getan? Glauben wir jetzt auch in der Union, daß Adenauer in Wahrheit nur ein »Kanzler der Alliierten« war, wie die Sozialdemokraten in den fünfziger Jahren behaupteten? War die Westintegration etwas anderes als die Vertretung deutscher Interessen?

Und was bedeuten die Bekundungen, wir müßten jetzt endlich wieder ein »normales Volk« werden? Sie sind überall zu hören, fast als Selbstbeschwörung. Aber hat derjenige, der normal ist, es nötig, das ständig zu betonen? Sollten wir nicht getrost das Urteil über unsere Normalität anderen überlassen? Wir können das mit Zuversicht tun. Jedenfalls bis vor kurzem hielt man uns im Ausland für weitgehend normal und vernünftig. Es besteht kein Grund zur »Enttabuisierung« (Steffen Heitmann) von politischen Grundüberzeugungen, die die Identität der Bundesrepublik Deutschland über vierzig Jahre bestimmt haben.

Notwendig ist es, die Menschen dafür zu gewinnen, daß die Teilung nur durch Teilen überwunden werden kann. Ökonomische Schwerpunkte sollten weiter von West nach Ost verlagert werden. Auch müssen wir in Ost und West noch viel besser lernen, uns gegenseitig zu verstehen. Zur Änderung des politischen Grundkurses der Bonner Republik aber gibt es auch nach 1989/90 keinen Grund.

In Zeiten des Umbruchs mit Orientierungs- und Arbeitslosigkeit und ungeheuren Veränderungen im alltäglichen Leben wachsen jedoch die Ängste vieler Menschen, nicht zuletzt in den neuen Bundesländern, wo man Übersichtlichkeit und umfassende Betreuung durch einen starken Staat gewohnt war. So sind zum Beispiel Ideen attraktiv, die in Ausländern die Sündenböcke für eigene Schwierigkeiten suchen. Besonders in Ostdeutschland zeigt sich, daß solche Schuldzuweisungen weitgehend unabhängig von der zahlenmäßigen Größe des Ausländeranteils erfolgen. In kritischen politischen Situationen, die oft als Krisen empfunden werden, wächst immer häufiger auch das Bedürfnis nach einem vermeintlich sicheren nationalen Dach, nach einer Geschichte, die Halt geben soll, und die man deshalb von den dunklen Zeiten entlasten möchte.

Es ist die Aufgabe verantwortlicher politischer Führung, solchen Reaktionen entgegenzuwirken. Das muß in erster Linie durch eine überzeugende Politik in Bund, Ländern und Gemeinden geschehen, welche die Probleme unserer Zeit anpackt und löst. Aber das muß auch dadurch geschehen, daß man eine offensive Auseinandersetzung mit den alten Übeln führt, die heute in neuem politischen Gewande wieder auftauchen. Nur eine Partei, die das in aller Entschlossenheit macht und ihre vierzigjährige Geschichte nicht verrät, wird dabei die Menschen langfristig an sich binden können.

Wenn wir nicht wollen, daß Deutschland driftet, dann muß die Union einen Rechtsruck vermeiden. Wenn sie die politische Mitte freigibt, sich in Wahlkämpfen auf »Mitte-Rechts-Wähler« konzentriert und die Themen rechtsradikaler Parteien übernimmt, dann wird sie ihre führende Rolle in der deutschen Politik auch im Bund verspielen, nachdem sie die meisten Bastionen in den Gemeinden, Städten und Ländern bereits verloren hat. Wer die politische Mitte räumt, seine Stammwähler nur noch rechts vermutet, ist auf dem besten Weg in die Opposition. Schlimmer noch: Er macht aus einer christlich-demokratischen Volkspartei, die konservative, liberale und christlich-soziale Kräfte in einem großen Bündnis der bürgerlichen Mitte zusammenband, eine rechtskonservative Groß-Sekte. Meine Partei war gut beraten, entsprechenden Vorschlägen des CSU-Vorsitzenden Theo Waigel im Januar 1994 nicht zu folgen und statt dessen auch für die Zukunft den Anspruch auf einen führenden Platz in der Mitte des politischen Spektrums zu beanspruchen.

Aber der verbalen Bekundung müssen Taten folgen. Bisher gibt es in der Union noch zuviel Toleranz gegenüber rechtskonservativen und deutsch-nationalen Kräften, die mit rechtsradikalen Parteien anbändeln. Das muß ein Ende haben.

Eine Partei, in der die Bundestagspräsidentin Rita Süßmuth ausgebuht werden kann, während gleichzeitig Heinrich Lummer ungerügt über Bündnisse mit rechtsradikalen philosophieren darf, verliert die Mitte. Heiner Geißler ist ständig massiver Kritik aus der Union ausgesetzt. Mit seinen

181

Ausführungen über die multikulturelle Gesellschaft hat er nach Meinung vieler seiner Kollegen der Union wichtige Wählerschichten entfremdet. Obwohl er nie Innenminister war, wird in weiten Teilen der Partei so getan, als sei er persönlich schuldig, daß die Schleusen für die sogenannte »Asylantenflut« geöffnet wurden. Gegen alle Wahrheit und Vernunft wird ihm schließlich in Fraktionssitzungen vorgeworfen, vor 1989 gegen die Wiedervereinigung gewesen zu sein.

Wenn sich aber der Abgeordnete Claus Jäger in der Fraktion zu Wort meldet und die Vorstellungen der Unions-Fraktion zum Schwangerschaftsabbruch als »Kindestötung« brandmarkt, dann wird er ernstgenommen. Anstatt die Ungeheuerlichkeit solcher Unterstellungen festzustellen, setzt sich die politische Führung ausführlich mit Herrn Jäger auseinander. So bestärkt, gründet dieser das bereits erwähnte rechtskonservative *Deutschland-Forum* als Gruppierung innerhalb der Union.

Die Parteispitze toleriert das genauso wie Informationsstände einer Organisation *Christdemokraten für das Leben* (CDL) auf ihren Parteitagen. Die CDL werben mit einem Logo, das dieselben Schrifttypen wie die offiziellen Vereinigungen der Unionsparteien aufweist, und darf auf diese Weise suggerieren, eine Untergliederung der Union zu sein. Die CDL-Mitglieder lehnen Schwangerschaftsunterbrechung als »Kindestötung« ab und bezeichnen sich selbst als »Lebensschützer«. Obwohl sie damit der Mehrheit der Union und der überwältigenden Mehrheit der Unionswähler unterstellen, das ungeborene Leben nicht oder doch weniger schützen zu wollen, läßt man die CDL gewähren.

Große Aufregung und Empörung herrschte, als Rita Süßmuth, Susanne Rahardt-Valdieck, Hont Eglmann und ich in einer Fraktionssitzung für eine Neuregelung des § 218 eintraten, der Hilfe und Beratung statt Drohungen und Bestrafungen für die betroffenen Frauen vorsah. Dagegen wurde es als völlig normal hingenommen, daß eine Gruppe um die Abgeordneten Herbert Werner und Claus Jäger einen von der Unionsmehrheit abweichenden Gesetzesentwurf vorlegte, der Strafen sogar dann androhte, wenn eine *vergewaltigte Frau* eine Schwangerschaftsunterbrechung vornimmt. Wieso wird in der Union geduldet, daß dreißig konservative Abgeordnete gegen die Nachbarschaftsverträge mit Polen stimmen, nicht aber, daß dreißig liberale Abgeordnete den Entwurf der Fraktion zum § 218 ablehnen?

Als Heiner Geißler und ich uns im Herbst 1992 gegen das Vorhaben des damaligen Bundesinnenministers wandten, das Grundrecht auf Asyl durch eine institutionelle Garantie zu ersetzen, schlug uns in der Fraktion aggressiver Unmut entgegen. Heinrich Lummer dagegen wird nicht zur Ordnung gerufen, wenn er von der »multikriminellen Gesellschaft« spricht oder die rechtsradikalen Morde von Mölln und Solingen als »Taten« verharmlost und in den darauf folgenden Straßenkämpfen verschiedener türkischer Gruppen das eigentliche Problem sieht.

Als ich mich in einem längeren Beitrag für die *Zeit* kritisch mit der Präsidentschaftskanditur von Steffen Heitmann auseinandersetzte, wurde ich vom CSU-Generalsekretär Erwin Huber als »schäbig« bezeichnet. Kaum jemanden schien es dagegen zu stören, als derselbe CSU-Politiker Rita Süßmuth Redeverbot in Bayern erteilte, da sie angeblich mit jedem Auftritt Tausende von Wählern in die Arme der SPD treibe. Leider hat noch niemand eine Rechnung darüber angestrengt, wie viele Wählerstimmen der CDU in Niedersachsen durch jede Erklärung von Erwin Huber im Fernsehen verlorengehen.

Was soll man davon halten, wenn Edmund Stoiber aufgrund der Forderung von Rita Süßmuth nach sozialversicherungsrechtlicher Anerkennung der Fürsorge des homosexuellen Partners eines Aids-Kranken erklärt: »Dann kann ich auch gleich über Teufelsanbetung diskutieren.« Gleichzeitig aber verkündet Herr Stoiber, inzwischen bayerischer Ministerpräsident, die radikale Abkehr von der vier Jahrzehnte gültigen Europapolitik der Unionsparteien. Ausdrücklich spricht er von einem »Bruch« mit der Tradition Adenauers. CDU-Generalsekretär Peter Hintze kritisierte zwar die Stoiber-Äußerungen, aber sie trafen in der Unionsfraktion auch auf viel offene und heimliche Zustimmung. Heiner Geißlers Anmerkung, die Stoiber-Linie sei politischer Hochverrat an Adenauer indes wurde in der Union allgemein als Überreaktion verstanden.

Wieso kam der Bundeskanzler auf den Gedanken, Steffen Heitmann als Präsidentschaftskandidat vorzuschlagen, der die Idee eines europäischen Bürgers für »intellektuelle Spinnerei« hält und die Vision des europäischen Bundesstaates genau wie Herr Stoiber der Vergangenheit zuweist. Auch die Grundsatzprogramm-Kommission der CDU wollte das Ziel eines europäischen Bundesstaates aus der CDU-Programmatik verbannen. Der Bundesparteitag im Februar 1994 korrigierte das nach langen parteiinternen Diskussionen. Der Begriff der Vereinigten Staaten von Europa, den Konrad Adenauer 1946 in Anlehnung an Winston Churchill für die Union in Anspruch genommen hatte, aber kommt in Grundsatzprogrammen der CDU nicht vor. Dafür vertritt jetzt Oskar Lafontaine dieses Zukunftskonzept.

Am rechten Rand der Union wird viel toleriert und dadurch letztlich auch ermutigt. Da dürfen eigene Gesetzentwürfe formuliert und Fraktionen gebildet werden, da darf ein

CSU-Spitzenpolitiker, Peter Gauweiler, den früheren Gesundheitsministern Rita Süßmuth und Heiner Geißler »politische und tatsächliche Verantwortung« am Tod und Siechtum von Aids-Kranken zuweisen. Der CSU-Generalsekretär Huber beleidigt Heiner Geißler als »unbelehrbar«, Rita Süßmuth als »unionsschädlich«. Theo Waigel spricht kurz vor der niedersächsischen Landtagswahl ironisch über die »Größe« des CDU-Spitzenkandidaten Christian Wulff – er sei schließlich über 1,90 m.

All das wird in Unionsführung und Unionsfraktion hingenommen, während die kleinste vorsichtige Nachfrage gegenüber allzu forschen CSU-Positionen als Angriff auf die »Solidarität unserer Gemeinschaft« bewertet wird.

Richard von Weizsäcker, Heiner Geißler, Kurt Biedenkopf und Rita Süßmuth gehören zu den beliebtesten Politikern in Deutschland. Sie haben die Programmatik der Union in den siebziger und achtziger Jahren maßgeblich mitgeprägt. Sie standen einmal in der Mitte der Union und übten wesentliche Ämter aus. Heute stehen sie in den Augen vieler Unionsfunktionäre am Rand. Großen Teilen in der Fraktion gelten sie als verantwortlich für eine schleichende »Sozialdemokratisierung« der Union, da sie sich aus einer angeblichen Sucht, den linksliberalen Medien zu gefallen, immer wieder gegen die Union und ihren Kanzler in Szene setzen würden.

Richard von Weizsäcker war der Autor des Grundsatzprogramms der CDU von 1978. Sollte man in der Union nicht stolz sein, daß einer aus den eigenen Reihen zehn Jahre lang ein über alle Parteigrenzen hinweg angesehenes Staatsoberhaupt war? Unter Heiner Geißler erkämpfte die Union in den siebziger und achtziger Jahren die Sachkompetenz auf den meisten Politikfeldern. Durch seine Arbeit wurde die

185

Partei stark, profiliert und inhaltlich mehrheitsfähig. Er gehört zu den wenigen in Bonn, dem junge Leute bundesweit zuhören und glauben. Er gehört in die Führungsmannschaft der Union.

Sollte die Partei nicht froh darüber sein, mit Rita Süßmuth eine Persönlichkeit in einer Spitzenfunktion zu haben, die im Land akzeptiert und besonders bei Frauen in hohem Ansehen steht? Statt dessen wird sie ausgebuht, erhält Redeverbot in Bayern.

Und Kurt Biedenkopf? Es gibt keinen Politiker, der mehr für die innere Einheit unseres Landes steht. Er ist der erfolgreichste Ministerpräsident in den neuen Bundesländern, einer der wenigen »Wessis«, die in Funktionen in Ostdeutschland wirklich respektiert werden. Eine Union, die Wahlen gewinnen und regierungsfähig bleiben will, muß ihm auf den Schild heben – bundesweit und nicht nur in Sachsen.

Abgesehen von Schaden und Gefahren, welche die Duldung deutsch-nationaler und rechtskonservativer Bestrebungen für die Entwicklung unseres Landes bewirkt, ist sie auch aus parteistrategischen Gründen völlig unsinnig. Wenn die Union im ganzen der Linie der CSU folgen sollte, wäre das der beste Weg dazu, unter die 30-Prozent-Marke zu fallen. Das ergibt sich aus folgenden Überlegungen:

Seitdem Rudolf Scharping Vorsitzender der SPD geworden ist, zielt seine Partei ganz bewußt auf die politische Mitte. Mögliche Angriffsflächen werden beseitigt und der linke Flügel der SPD an den Rand gedrückt. Nicht eine »Sozialdemokratisierung« der CDU, sondern eine »Christdemokratisierung« der SPD kennzeichnet die Lage. Wenn die Union der SPD freiwillig die politische Mitte überläßt, kann sie nicht die bestimmende Kraft im Lande bleiben.

Das Schielen nach rechts wird im Zentrum Vertrauen kosten.

Der Bundesvorsitzende der Jungen Union, Hermann Gröhe, hat die Union vor Ort als »total überaltert und wahnsinnig männlich« bezeichnet. Von den 9 000 westdeutschen CDU-Ortsverbänden haben nach seinen Angaben 300 kein Mitglied unter vierzig, 1 800 kein Mitglied unter dreißig Jahren. 2 000 Ortsverbände der CDU haben kein einziges weibliches Mitglied in ihren Reihen. Von den westdeutschen CDU-Rats- und Kreistagsmitgliedern sind 88 Prozent männlich, 65 Prozent über fünfzig Jahre und weniger als 2 Prozent unter dreißig. Herr Gröhe hat nach der Hamburger Bürgerschaftswahl die fehlende Zustimmung zur CDU bei den Jungwählern als »dramatisches Alarmsignal« bezeichnet. Bei den 25- bis 35jährigen erreichte die CDU 11,6 Prozent (SPD: 37,8 Prozent; Grüne: 28,0 Prozent). Bei den jungen Frauen lag der Wert noch niedriger. Die *Shell*-Studie vom März 1993 sieht die CDU bei den 14- bis 27jährigen in West- und Ostdeutschland nur noch an dritter Stelle hinter den Sozialdemokraten und den Grünen, wenn es um die Vertretung ihrer Interessen bei der Zukunftssicherung geht.

Trotz *Junger Freiheit* und nationalistischer Intellektuellenzirkel: Die junge Generation in Deutschland ist in ihrer großen Mehrheit keineswegs rechts. Mit wem gewinnt die Union wohl mehr bei diesen jungen Leuten: mit Heiner Geißlers Vision von einem freiheitlichen europäischen Bundesstaat oder mit Edmund Stoibers »Deutschland-zuerst«-Denken? Mit Theo Waigels Überfremdungstheorien oder Kurt Biedenkopfs Regierungsbilanz? Mit Rita Süßmuths Frauenpolitik und ihrem unermüdlichen Einsatz für Minderheiten oder dem moralisierenden Fundamentalismus der selbsternannten »Lebensschützer«?

Vor einem großen Forum habe ich auf dem *Evangelischen Kirchentag* 1993 in München dargelegt, daß man sehr wohl für die Ergänzung des Grundrechts auf Asyl eintreten kann, ohne damit gleich zum Ausländerfeind zu werden. Das Plenum war nicht begeistert von der Aussage, aber man versuchte, meine Position zu verstehen. Alle Punkte, die ich (vielleicht) dort für meine Partei sammeln konnte, werden sofort zunichte gemacht, wenn kurze Zeit später Heinrich Lummer seine völkischen Vorurteile öffentlich macht.

Es gibt allerdings nicht wenige in der Union, die die Teilnahme an einer Kirchentagsdebatte für verlorene Zeit halten: »Die wählen uns sowieso nicht!« erklärte mir ein norddeutscher CDU-Kollege, als ich ihm von meinem Eindruck berichtete, der *Evangelische Kirchentag* habe engagiert, sachlich und fair diskutiert. Dabei hätte die Union es dort gar nicht schwer, wenn sie ihr »C« nicht nur dann ernst nehmen würde, wenn es um den Schutz des ungeborenen Lebens geht (was richtig ist!), sondern auch dann, wenn es um die Würde von Asylbewerbern oder die Menschenrechte in der Volksrepublik China geht. Eine Partei, die einen Kirchentag, also eine Massenveranstaltung junger und engagierter Multiplikatoren, als »feindliches« Terrain meidet, gibt sich selbst auf. Wenn wir uns nur noch auf Kaffeekränzchen und Karnevalsveranstaltungen wagen, dann verspielen wir die Zukunft.

In seinem neuen Buch »Das Erbe Kohls. Bilanz und Perspektiven« (1994) schreibt Warnfried Dettling, ein früherer Berater von Erwin Teufel: »Die CDU hat sich immer weiter aus der Gesellschaft entfernt. Ausgerechnet in einer Zeit, in der die traditionellen Milieus immer mehr abschmelzen, hat sie sich wie verzweifelt an deren letzten Reste geklammert. Selten zuvor hat sich die CDU eine derartige Binnen-orientierung geleistet. Sie hat ihr Urvertrauen in die eigene Sache wie in die Gesellschaft verloren. Die politische und soziale Umwelt wird von ihr nicht mehr als Raum und Aufgabe erlebt, die es zu gestalten gilt, sondern eher als Hinterhalt, aus dem allerlei Gefahren drohen, gegen die man sich möglichst geschlossen und entschlossen zur Wehr setzen muß. Die CDU ist mißtrauisch, sie hat die politische Mitte verloren.«

Manchmal gleicht die Partei einer großen Wagenburg, die sich gegen die Veränderungen der Zeit und den Wertewandel in der Gesellschaft abschottet. Wer Zustimmung bei Medien, Frauen, Jugendlichen oder evangelischen Pastoren findet, der wird mißtrauisch beäugt. In der Bundestagsfraktion erinnern einzelne Kollegen immer wieder an die vielbeschworene »Basis«, deren angeblich »rechte Meinungen« man ernst nehmen müsse. Aber haben alle Kollegen dabei wirklich die Basis in der Bevölkerung im Auge oder nur die Basis der eigenen Partei? Und auch da sind es meistens nur einige wenige, die das Wort schwingen. Wenn die »Basis« wirklich so weit rechts wäre, wieso erhält dann Rita Süßmuth in ihrem Göttinger Wahlkreis 10 Prozent mehr Persönlichkeitsstimmen als die eigene Partei? Warum wird Christian Wulff Spitzenkandidat der CDU in Niedersachsen und ein kritischer Geist wie Günther Oettinger in Baden-Württemberg Fraktionsvorsitzender?

Die politische Führung kann Rechtsauslegern leicht entgegenwirken. Manchmal habe ich in Veranstaltungen den Eindruck, daß mir einzelne Parteimitglieder rechte Thesen nur deshalb entgegenwerfen, um mich zu provozieren. Manchmal scheinen sie ganz dankbar zu sein, wenn man ihnen mit guten Argumenten widerspricht.

Daß CSU und CDU dafür eintreten, Repse und andere Rechtsradikale durch den Verfassungsschutz zu observieren, ist gut und richtig. Wenn aber mit der institutionellen Bekämpfung nicht eine inhaltliche Auseinandersetzung einhergeht, kann dies leicht unglaubwürdig werden. Dann entsteht der Eindruck, als wolle man sich durch die Etikettierung einer Partei als »verfassungsfeindlich« nur einen lästigen Konkurrenten vom Halse halten. Man kann vor allen Dingen nicht eine Partei für potentiell verfassungswidrig halten und gleichzeitig eigenen Parteimitgliedern erlauben, offen über Koalitionen mit solchen Kräften zu spekulieren oder gar in offiziellen Foren und Zirkeln mit ihnen zusammenzuarbeiten. Abgrenzungsbeschlüsse nach rechts werden nur glaubwürdig, wenn man sie einhält und entsprechende Exempel statuiert. Bisher ist das auf Bundesebene lediglich im Fall des Bundestagsabgeordneten Rudolf Krause geschehen, der durch seinen Übertritt zu den Reps einem Ausschluß in der Union zuvorkam. Positiv war die eindeutige Haltung des CDU-Fraktionsvorsitzenden in Niedersachsen, Jürgen Gansäuer, der einen Landtagsabgeordneten umgehend aus der Fraktion verbannte, weil er einen Parteitag der Reps besucht hatte. Aber wie will man Mitgliedern an der Basis vermitteln, daß man um die Repse einen großen Bogen schlagen muß, wenn der ehemalige bayerische Ministerpräsident Max Streibl (CSU) den Rep-Chef Franz Schönhuber zu einer mehrstündigen Unterredung in seinem Privathaus empfängt?

Es gehört zum politischen Einmaleins, daß derjenige politisch erfolgreich ist, der in der Lage ist, die Themen der politischen Diskussion zu bestimmen. Ob es wirklich klug ist, die sogenannten rechten Themen aufzugreifen und in den Vordergrund zu stellen? Wenn unmittelbar nach der

Ankündigung von Manfred Brunner, in Bayern eine anti-europäische Partei zu gründen, der CSU-Ministerpräsident mit der 40jährigen Europapolitik der Union bricht – beeindruckt das dann den Wähler? Wahrscheinlicher ist, daß er solche politischen Bewegungen als taktische Winkelzüge begreift. Was ist schon von einer Partei zu halten, die vier Jahrzehnte eine bestimmte Politik verfolgt und beim leisesten Gegenwind diese über Bord wirft? Ist auf diese Partei in schweren Zeiten noch Verlaß? Tut sich die Union einen Gefallen, wenn sie selbst gegen das Lebenswerk ihres Kanzlers, die europäische Einheit, Stimmung macht?

Wenn der betreffende Wähler wirklich ein überzeugter Anti-Europäer ist: Wird er dann bei der nächsten bayerischen Landtagswahl wegen der kritischen Europaäußerungen von Herrn Stoiber der CSU die Stimme geben, wo doch der CSU-Vorsitzende Waigel in Bonn so nachdrücklich für den ECU plädiert und an der Wirtschafts- und Währungsunion der Maastricht-Verträge mitgebastelt hat? Die Gefahr ist, daß sich überzeugte Europäer von der CSU abwenden, überzeugte Antieuropäer lieber gleich das Original (Brunner oder Schönhuber), nicht aber die viel schwächere Kopie wählen. Und die Leute, denen das ganze nicht so wichtig ist, verlieren ihren Glauben an die Politik, in der Parteien wegen kurzfristiger taktischer Vorteile alte Grundsätze über Bord werfen.

Gerade die CSU predigt gegenüber den »Nordlichtern« immer wieder die Wichtigkeit von Grundsatztreue und schmäht verbal diejenigen, die sich angeblich dem Zeitgeist anpassen. Kaum aber regen sich die sogenannten »Republikaner«, verfallen die CSU-Oberen in Panik.

Dabei hat sich bereits mehrfach gezeigt, daß die Strategie, sich bei den Rechtsaußen-Parteien anzubiedern, überhaupt keinen Erfolg hat. So gelang es den Repsen bei der Europawahl 1989 in Bayern, 14,6 Prozent der Stimmen zu holen, also ausgerechnet dort, wo die CSU doch lupenreine konservative Politik betreiben kann? Nach der Theorie der CSU müßten doch die Rechtsradikalen gerade in Bayern schwach sein, weil ihnen hier eine rechte Politik entgegengesetzt wird. Kann es sein, daß das Eingehen auf die Themen und Thesen der Rechtsparteien ihnen nicht den Wind aus den Segeln nimmt, sondern zusätzlichen hineinbläst?

Wenn Herr Stoiber die bayerischen Landtagswahlen gewinnen will, so braucht er nur das zu tun, was er wirklich kann: regieren. Daß er ein glänzender Administrator ist und dazu ein politischer Kopf, hat sich mittlerweile herumgesprochen. Erfolg wird er haben, wenn er souverän die politische Linie der Union verfolgt, nicht aber, wenn er mit taktischen Spielchen aufwartet.

Wichtig ist schließlich, daß die Verharmlosung der Rep-Wähler als »Protestwähler« aufhört. Man mag die etablierten Parteien kritisieren und politikverdrossen sein. Das ist noch lange kein Grund, rechtsradikal zu wählen. Die These von der Protestwahl mag für einige Wähler durchaus zutreffen. Sie ist jedoch nur ein Teil der Wahrheit. Den Radikalen aber bringt sie zwei Vorteile, wie Wolfgang Storz in der *Woche* unter der Überschrift »Absolution für rechts« treffend erläutert hat: »Wenn der rechtsradikale Wähler als Protestwähler erscheint, bleibt er ehrenwert. Gleichzeitig sprechen sich die Parteien damit selbst von der Mühsal frei, die Verirrten und deren Überzeugungen politisch bekämpfen zu müssen; sie dürfen ihnen vielmehr lockend nachstellen. Daß diese Haltung einer Ermunterung und Bestätigung gleichkommt – wird diesen Wählern doch signalisiert: Wir haben verstanden, wir spuren jetzt –, ist keinen Gedanken wert im Bonner Alltagsgeschäft.«

Könnte es nicht sein, daß zahlreiche Wähler von DVU oder Repsen ihre Stimmabgabe ganz bewußt vornehmen, nicht aus kurzfristigem Protest, sondern weil sie erstmals eine Chance für eine rassistische und nationalistische Politk sehen? Die Rechtsradikalen werden jedenfalls nicht dadurch bekämpft, daß man sie verharmlosend als kurzfristig verirrte Protestwähler hinstellt, sondern daß man sich ernsthaft mit ihnen und ihren Zielen auseinandersetzt. Wer das tut, braucht sich vor den Rechtsradikalen nicht zu fürchten – nicht einmal in Zeiten, in denen es wirtschaftlich etwas schlechter geht.

Unabhängig vom parteipolitischen Standort muß jeder Demokrat ein Interesse daran haben, daß es in unserem Land eine starke politische Mitte gibt. Gemeinsamkeiten zwischen den demokratischen Parteien sollten nicht als Kumpanei von Cliquen verlacht werden, sondern als Ausdruck gemeinsamer Grundüberzeugungen. Zum Glück hat es seit Bestehen der Bundesrepublik Deutschland neben allem Streit auch die Einsicht gegeben, daß in wichtigen Fragen zwischen Regierung und Opposition auch Zusammenarbeit und Konsens vorherrschen muß. Die Weimarer Republik ist ja auch daran gescheitert, daß die Parteien der Mitte nicht erkannt haben, daß das gemeinsam zu Schützende, nämlich die Demokratie, an erster Stelle stehen muß. Unabhängig vom parteipolitischen Standort muß es das Interesse aller Demokraten sein, daß ein Grundkonsens der Demokraten erhalten bleibt, daß man notfalls miteinander in der Mitte arbeiten muß, eine Zusammenarbeit mit radikalen Parteien aber nicht in Frage kommt. Und unabhängig vom parteipolitischen Standpunkt des einzelnen muß ein Interesse daran bestehen, daß es eine große bürgerliche Partei in der politischen Mitte gibt.

Aber hat die Union auch in der zweiten Hälfte der neunziger Jahre die Chance, eine große Volkspartei, eine prägende Kraft unserer Demokratie zu bleiben? Wird sie im Falle eines erneuten Wahlsieges Helmut Kohls zum Kanzlerwahlverein degenerieren? Wird sie im Falle einer Wahlniederlage in unterschiedliche Lager zerfallen? Oder gelingt es ihr – unabhängig vom Wahlergebnis im Herbst 1994 –, einen eigenständigen Beitrag zur politischen Gestaltung und zur politischen Kultur der nahenden Berliner Republik zu leisten?

Sie hat alle Chancen dazu, wenn sie sich selbst treu bleibt. Dazu gehört das unbedingte Festhalten am Bonner Grundgesetz und den Grundentscheidungen Konrad Adenauers. Auch unsere heutigen Herausforderungen, zumal die alles überlagernden Aufgaben bei der Gestaltung der inneren Einheit unseres Landes, können nur bewältigt werden, wenn weiter gilt: freiheitliche und sozial gerechte Ordnung, repräsentative und wehrhafte Demokratie, soziale Marktwirtschaft (nunmehr ergänzt um das ökologische Element) und normative Westbindung einschließlich einer unzweideutigen europäischen Orientierung.

»Wertkonservativ« ist nicht, wer die Nation wieder als völkische Abstammungsgemeinschaft versteht oder Frauen zurück an den Herd verbannt, sondern derjenige, der sich entschieden diesen grundlegenden Werten verpflichtet. Allerdings stellt die Verinnerlichung der Grundentscheidungen der Bonner Republik nur eine wichtige, keineswegs aber hinreichende Voraussetzung dar, um den gewaltigen Herausforderungen der Zukunft gewachsen zu sein. Dazu ist es nämlich notwendig, diese Grundüberzeugungen auf neue Gegebenheiten erfolgreich anzuwenden. Wer in den neunziger Jahren regierungsfähig bleiben will, der muß vor allem den Nachweis bringen, daß er die Probleme von Gegenwart und Zukunft lösen kann.

Die Union hat die letzten Landtagswahlen nicht verloren, weil einige über die multikulturelle Gesellschaft nachgedacht haben und andere den Schutz des ungeborenen Lebens mit und nicht gegen die betroffenen Frauen gewährleisten wollen. Die Union hat vor allem verloren, weil sie auf dem Gebiet der Wirtschafts- und Finanzpolitik an Vertrauen eingebüßt hat. Man traut ihr momentan nicht mehr ohne weiteres zu, mit der steigenden Arbeitslosigkeit fertig zu werden. Haben CDU/CSU nach zwölf Jahren Regierungszeit genügend originelle Ideen, hinreichend unverbrauchte Kräfte und ausreichend Engagement, um die notwendigen Entscheidungen zum Erhalt der Konkurrenzfähigkeit unserer Wirtschaft zu treffen und durchzusetzen? Wollen sie »Keine Experimente« und »Weiter so«, oder haben da neue Konzepte eine Chance: Privatisierung, Flexibilisierung der Arbeitszeiten, ökologische Steuerreform, Förderung von neuen Technologien, von Forschung und Hochschuleliten, Aufhebung der Ladenschlußzeiten usw. Vor allem aber: Ist die Union noch die politische Partei, die die Herausforderungen der Einheit besser als alle anderen meistert?

Vielleicht sollte die Union sich weniger an den »Mitte-Rechts«-Strategien und Überfremdungsängsten Theo Waigels in Bayern orientieren, statt dessen mehr an den Konzepten und Erfahrungen Kurt Biedenkopfs in Sachsen, Berndt Seiters in Mecklenburg-Vorpommern oder Lothar Späths in Thüringen.

Kann die Union als Volkspartei, als breite bürgerliche Formation konservativer, liberaler und christlich-sozialer Kräfte, diese Aufgabe meistern? Oder wird sie, wie Warnfried Dettling prophezeit, »ihre Rolle in der deutschen Parteienlandschaft verlieren und damit auch ihr Selbstverständnis, ihre Raison-d'etrê«? Das muß nicht so kommen. Die Union hat alle Chancen, ein bestimmender Faktor der deutschen Politik zu bleiben – wenn sie das Vermächtnis Adenauers weiterträgt, wenn sie nicht zum national-konservativen Bekenntnisclub degeneriert und die große Pluralität der Meinungen in der Bevölkerung widerspiegelt, anstatt sie mit dem Hinweis auf innerparteiliche Solidarität zu unterdrücken. Wer sich dagegen in einem deutsch-nationalen Wahlverein wohler fühlt, der sollte sich eine andere Heimat suchen. Die Volkspartei Union muß in der Mitte bleiben, oder sie wird nicht überleben. Die Volkspartei Union muß in der Mitte bleiben, damit Deutschland nicht driftet.

P.S. Auf dem Bundesparteitag der CDU warnte Helmut Kohl am 21. Februar 1994 seine Landsleute und Parteifreunde davor, alte Fehler zu wiederholen:
»In sechs Jahren ist das Jahrhundert zu Ende. Natürlich wiederholt sich Geschichte nicht ganz genau. Aber es gab schon einmal eine Zeit – als Aristide Briand und Gustav Stresemann den Friedensnobelpreis bekamen –, in der in Europa und in Deutschland fast alle glaubten, es werde nie wieder Krieg zwischen Deutschen und Franzosen geben. Acht Jahre später kam Hitler, wieder sechs Jahre später der Zweite Weltkrieg. Glaubt jemand ernsthaft, daß die entsetzlichen Beispiele von Rassenhaß, von ›ethnischer Säuberung‹, von Religionsfeindlichkeit, von Chauvinismus schlimmster Art auf dem Balkan, daß diese bösen Geister

nur dort leben und nie auswandern können? Hören wir nicht aus anderen Teilen Europas, von Moskau angefangen, Töne, die uns doch zumindest nachdenklich stimmen müssen? Das heißt doch, daß dieses Land, Deutschland, unser Land, geographisch, geopolitisch in der Mitte Europas gelegen, das Land mit den meisten Grenzen, auf Gedeih und Verderb mit der europäischen Einigung verbunden ist. Wenn wir sie aufkündigen, gehen wir wieder in die Isolierung und wieder in die Irre. Das ist die Erfahrung der Geschichte.«

Die Deutsche Bibliothek – CIP-Einheitsaufnahme

Pflüger, Friedbert: Deutschland driftet: Die Konservative Revolution entdeckt ihre Kinder./Friedbert Pflüger. – Düsseldorf; Wien; New York; Moskau: ECON Verl. 1994
ISBN 3-430-17471-6

Lektorat: Bettina Eltner
Gesetzt aus der: Sabon Antiqua, Linotype
Satz: Lichtsatz Heinrich Fanslau
Papier: Papierfabrik Schleipen GmbH, Bad Dürkheim
Druck und Bindearbeiten: Bercker Graphischer Betrieb Kevelaer
Printed in Germany
ISBN 3-430-17471-6